그림책, 맘 통하다

박애란, 김효진, 김나윤, 이미경 글

그림책 에세이 01

그림책, 맘 통하다

2023년 7월 28일 초판 1쇄

글 박애란, 김효진, 김나윤, 이미경
편집 김지선 **디자인** 모수진 **마케팅** 김소라, 홍정혜, 정용수
펴낸이 정용후 **펴낸곳** 이루리북스 **출판등록** 2020년 7월 15일 (제 2019-000019호)
주소 서울시 마포구 독막로 320 B105호 **전화** 070-7715-1027 **팩스** 02-6008-1050
이메일 yrurybooks.p@gmail.com@gmail.com **인스타그램** instagram.com/yrurybooks.p
ISBN 979-11-980858-6-3 03810 값 22,000원

* 이 책을 위해 선뜻 표지와 본문 이미지를 내어 준 출판사들에게 특별히 감사드립니다.

이 책은 저작권자와의 독점 계약으로 이루리북스에서 처음 출간되었습니다.
저작권법에 의해 보호를 받는 저작물이므로 무단 전재와 복제를 금합니다.

KC 제품명 : 도서 | 제조자명 : 이루리북스 | 제조국명 : 대한민국 | 사용연령 : 8세 이상
주의! 책 모서리가 날카로우니, 던지거나 떨어뜨려 다치지 않도록 주의하세요.

그림책, 맘 통하다

박애란, 김효진, 김나윤, 이미경 글

이루리북스

차례

제1장 무수히 많은 말을 걸어 오는_박애란

20년 동안 무수히 말을 거는 얼룩 고양이   010
『100만 번 산 고양이』 사노 요코 글·그림 | 김난주 옮김 | 비룡소

오늘의 냄새   015
『계절의 냄새』 양양 글·그림 | 노란상상

그리움을 닮은 그림책   020
『여행 가는 날』 서영 글·그림 | 스콜라

나의 ㅅㅅㅎ한 이야기   025
『내 마음 ㅅㅅㅎ』 김지영 글·그림 | 사계절

누나는 동생 편   031
『오줌싸개 시간표』 윤석중 동화시·권문희 그림 | 여유당

생명의 무게   036
『섬섬은 고양이다』 전미화 글·그림 | 창비

아빠와 함께   041
『아빠의 밭』 전소영 글·그림 | 달그림

안부를 묻고 싶은 오늘   045
『오늘 상회』 한라경 글·김유진 그림 | 노란상상

오토바이와 아버지 이야기   051
『토토와 오토바이』 케이트 호플러 글·사라 저코비 그림 | 이순영 옮김 | 북극곰

조금만 더 안아 주기   056
『조금만』 타키무라 유우코 글·스즈키 나가코 그림 | 허앵두 옮김 | 한림출판사

안녕이라는 말   061
『햇살 같은 안녕』 아멜리 자보, 코린느 위크, 오로르 푸메, 샤를린 왁스웨일레 글
아니크 마송 그림 | 명혜권 옮김 | 북극곰

제2장 슈퍼 행복을 지키고 싶은_김효진

기후 위기와 북극곰   068
『북극곰 코다 첫 번째 이야기-까만 코』 이루리 글·배우리 그림 | 북극곰

슈퍼 행복   072
『슈퍼 거북』 유설화 글·그림 | 책읽는곰

이렇게 멋진 나   077
『이렇게 멋진 날』 리처드 잭슨 글·이수지 그림 | 이수지 옮김 | 비룡소

아빠는 말했어요   081
『나는 강물처럼 말해요』 조던 스콧 글·시드니 스미스 그림 | 김지은 옮김 | 책읽는곰

사랑합니다   086
『공원을 헤엄치는 붉은 물고기』 곤살로 모우레 글 · 알리시아 바렐라 그림
이순영 옮김 | 북극곰

막무가내 나비 고백   093
『나비 아이』 최은진 글·그림 | 북극곰

어른 팬티 적응 괴담   099
『오싹오싹 팬티!』 에런 레이놀즈 글 ·피터 브라운 그림 | 홍연미 옮김 | 토토북

내가 프레드릭 하면 되잖아!   105
『프레드릭』 레오 리오니 글·그림 | 최순희 옮김 | 시공주니어

아무 이유 없이   110
『나를 봐』 최민지 글·그림 | 창비

토요일 밤은 간식 타임   114
『금요일엔 언제나』 댄 야카리노 글·그림 | 이순영 옮김 | 북극곰

우리의 행복한 그때, 그리고 행복한 지금   122
『초록 거북』 릴리아 글·그림 | 킨더랜드

제3장 나를 발견하고 알아 가는_김나윤

언제든지 돌아올 수 있는 가족이 되어 줄게   130
『삐딱이를 찾아라』 김태호 글 · 정현진 그림 | 비룡소

우리 아이의 가방 속에는 무엇이 들어 있나요?   135
『가방 안에 든 게 뭐야?』 김상근 글 · 그림 | 한림출판사

윤서우는 윤서우   140
『민들레는 민들레』 김장성 글 오현경 그림 | 이야기꽃

육아는 너와 나의 동반 성장   146
『닭들이 이상해』 브루스 맥밀란 글·귀넬라 그림 | 최윤정 옮김 | 바람의아이들

풀친구는 우리의 친구이기도 합니다   151
『풀친구』 사이다 글·그림 | 웅진주니어

하루하루 즐거운 추억을 만들다   156
『바다와 하늘이 만나다』 테리 펜, 에릭 펜 글·그림 | 이순영 옮김 | 북극곰

네가 잠든 사이에…   162
『잠잠깨비』 이연실 글·그림 | 김향수 빛그림 | 반달

이 시대의 별종들을 응원합니다   167
『돌 씹어 먹는 아이』 송미경 글·세르주 블로크 그림 | 문학동네

나의 엄마로 있어 주셔서 감사합니다   172
『언제까지나 너를 사랑해』 로보트 먼치 글·안토니 루이스 그림 | 김숙 옮김 | 북뱅크

꿈꾸는 아름다운 삶   176
『일개미 노리의 바다』 강수인 글·그림 | 아스터로이드북

함께하는 아름다운 삶   182
『너와 나』 사이다 글·그림 | 다림

제4장 아름답고 감사하고 행복한_이미경

이토록 아름다운 그림책을 만난 건 행운이다 190
『울타리 너머』 마리아 굴레메토바 글·그림 | 이순영 옮김 | 북극곰

20년 만에 다시 읽은 그림책에서 받은 위로 198
『빨간 나무』 숀 탠 글·그림 | 김경연 옮김 | 풀빛

올가의 키오스크는 세상에서 가장 아름다운 행복 공간 205
『키오스크』 아네테 멜레세 글·그림 | 김서정 옮김 | 미래아이

그림책을 읽고 아버지를 용서한 남편 210
『마음이 아플까 봐』 올리버 제퍼스 글·그림 | 이승숙 옮김 | 아름다운사람들

불편함을 익숙함으로 함께 즐기는 행복한 가족들의 일요일 218
『어느 조용한 일요일』 이선미 글·그림 | 글로연

시를 품은 그림책 넉 점 반 224
『넉 점 반』 윤석중 시·이영경 그림 | 창비

늘 같은 실수를 하는 뒤풍 교수님 231
『앵무새 열 마리』 퀸틴 블레이크 글·그림 | 장혜린 옮김 | 시공주니어

그리운 풍경을 소환하는 그림책 238
『나의 독산동』 유은실 글·오승민 그림 | 문학과지성사

자세히 보면 모두 귀엽고 예뻐요 245
『딩동』 릴리아 글·그림 | 북극곰

아버지의 사랑스러운 반려견 '더미'가 기억나는 그림책 252
『루리, 어떡해!』 토니 퍼실 글·그림 | 이순영 옮김 | 북극곰

작가의 말 260
본문 그림 출처 264

박애란은 학창 시절, 국어 선생님이 좋아서 무작정 국문학을 공부했습니다. 20여 년 전 선생님께서 꿈이 뭐냐고 물었을 때 에세이 작가가 되고 싶다고 대답했는데, 말이 지닌 힘 때문인지 정말로 에세이를 쓰고 있습니다.
거제도 바닷가에서 그림책을 보며 소소한 행복을 느끼며 삽니다. 무서운 것도 많고, 걱정도 많은 사람이 십여 년 동안 고집스럽게 본 그림책 이야기를 풀어낼 수 있어서 행복했습니다.
두려움도, 걱정도 덜어 낼 수 있는 그림책을 만나는 시간이 참 좋습니다. 도서관과 학교, 마을 회관에서 어른과 아이 모두 함께 그림책으로 소통하고 있습니다.

무수히 많은 말을 걸어 오는 - 박애란

1

"20년 동안 무수히 말을 거는
얼룩 고양이"

『100만 번 산 고양이』

사노 요코 글·그림 | 김난주 옮김 | 비룡소

알게 된 지 20년이 되어 가는 그림책이 있습니다. 바로 사노 요코 작가의 『100만 번 산 고양이』인데요, 처음 이 책을 알게 된 것은 갓 스무 살이 되었을 때입니다. 누구에게나 스무 살은 가슴 설레는 단어겠지요? 나 역시 스무 살은 모르는 것투성이지만 희망찬 미래에 대한 기대로 온통 세상이 아름다워 보일 때였습니다.

어느 한가로운 주말에 텔레비전을 보는데, 가수 김윤아 씨가 나와서 감동적인 책을 소개해 주었습니다. 그전까지 그림책은 어린아이나 보는 책이라고 생각했기에, 다 큰 성인이 그림책을 소개하는 장면이 생경했습니다. 그 장면이 마음에 남아서 다음 날 바로 도서관에서 그림책을 찾아보았지요. 책 속에서 진정한 사랑을 찾은 고양이가 부러웠습니다. 얼룩 고양이는 '너도 언젠가는 사랑하는 사람을 찾을 거야.'라고 속삭여 주었어요.

그렇게 감동적인 책을 바로 구입하지 않은 이유는 아직 잘 모르겠습니다. 가난한 대학생이어서인지, 아이들이 보는 그림책이라는 편견 때문이었는지…. 여하튼 이 책을 구입한 것은 스물다섯 살에 두 번째 직장에 정착하고 월급을 받았을 때입니다. 첫 월급으로 나에게 뭔가 의미 있는 선물을 하고 싶어서 고민하던 중에 불현듯 그림책이 생각났습니다. 직장 근처에는 대형서점이 없어서 대도시의 서점 구경도 덤으로 선물받았지요. 서점에서 만난 얼룩 고양이는 즐겁게 일할 직장을 찾은 것을 축하해 주는 듯했습니다.

직장에서 만난 동료와 사랑에 빠져 결혼하면서 이 책에 나오는 얼룩 고양이처럼 아이가 생겼습니다. 얼룩 고양이처럼 진정한 사랑을 찾은 것이냐고 묻는다면 일상에 파묻혀 바로 답은 나오지 않지만, 남편을 만났을 즈음 이 그림책 마지막 장면에 꽃을 예쁘게 말려서 붙여 놓은 것을 보면 당시의 남편은 온 세상을 분홍빛으로 물들인 사람이었나 봅니다. 그림책 속의 얼룩 고양이가 내게 사랑을 찾은 것을 축하해 주는 것 같았으니까요.

연년생 육아로 자유라고는 없는 삶을 살아갈 때 또다시 이 그림책이 말을 걸어 왔습니다.

"너는 네가 원하는 자유롭고 주체적인 삶을 살고 있니?"

그때의 나는 인생에서 한 번도 겪어 보지 못한 힘든 시간을 보내고 있었습니다. 종일 성별도, 성향도 다른 두 아이와 씨름하느라 내 시간이라고는 단 10분도 허락되지 않았습니다. 다시 그때로 돌아간다면 하루에 한 시간쯤은 무슨 일이 있어도 나만의 시간을 확보하겠지만, 그때는 모든 것이 처음이라 서툴기만 했습니다.

그때부터 본격적인 그림책 탐독에 빠졌습니다. 아이들에게 읽어 준다는 핑계로 참 많은 그림책을 사들였고, 그림책을 읽어 주는 동안 아이들보다 내가 더 행복한 시간을 보냈지요. 요즘은 한국도 그림책 시장이 커지고, 새로운 그림책이 쏟아집니다. 사실 한국 작가가 쓴 책이 정서적으로 잘 공감되지만, 아직도 좋아하는 그림책을 물으면 바로 나오는 책이 『100만 번 산 고양이』입니다. 그 외에는 좋아하는 책이 자주 바뀝니다.

얼룩 고양이는 백만 번이나 죽고 백만 번이나 살았던 고양이입니다. 얼룩 고양이는 임금님의 고양이일 때도, 뱃사공의 고양이일 때도, 서커스단 마술사의 고양이일 때도, 도둑의 고양이일 때도, 홀로 사는 할머니의 고양이일 때도, 어린 여자아이의 고양이일 때도 모두 주인을 싫어했습니다. 그래서 죽을 때도 주인들만 슬프게 울 뿐, 고양이는 울지 않았습니다.

죽는 것 따위는 아무렇지도 않다고 말하는 이 굉장한 고양이, 매력 있지 않나요? 내게 영향력이 컸던 사람들의 죽음을 세 번 경험하고 나서는 죽는 것이 가장 무서워졌거든요. 내가 죽으면 남은 가족은 어쩌나? 남편이 죽으면 나와 아이들은 어쩌나? 부모님이나 형제가 죽으면 어쩌나? 이런 걱정들로 가끔은 혼자 울기도 하니까요.

얼룩 고양이의 모습이 말년에 시한부 삶을 선고받은 후 곧바로 비싼 차를 사고, 하고 싶은 일을 하면서 자유롭게 살다 간 작가 사노 요코의 삶을 그대로 보여 주는 것 같아 신기했어요. 사노 요코의 책을 읽다 보면 내가 선망하는 삶을 살다 간 작가라는 생각이 듭니다.

이 멋진 고양이는 주인 없는 도둑고양이의 삶을 살면서 처음으로 혼자 사는 고양이가 되어 독립적이고 자존감 높은 고양이로 살게 됩니다. 백만 번이나 산 후에 찾은 자신만의 인생이 얼마나 소중했을까요? 분명 도둑고양이의 삶은 임금님의 고양이일 때보다 녹록지 않을 것입니다. 하지만 스스로를 사랑하고 원하는 곳은 어디든 갈 수 있고, 원하는 일을 할 수 있는 인생을 살면서 얼룩 고양이는 처음으로 행복을 느꼈을 테지요.

얼룩 고양이에게 새하얗고 예쁜 암고양이가 사랑으로 다가왔을 때, 얼룩 고양이가 어떻게 이 암고양이의 마음을 사로잡는지, 이 암고양이와 어떻게 사는지를 보면 사랑을 갈구하는 청춘 남녀도 느끼는 바가 많을 것 같습니다. 투박한 그림이 사노 요코 작가의 생각과 말에 잘 어울려서 마치 작가의 유언 같다는 생각이 드는 그림책입니다.

누구라도 마지막 장을 덮을 때쯤에는 20년째 살고 있는 얼룩 고양이의 말을 들을 수 있습니다. 뭐라고요? 잘 안 들린다고요? 가만히 귀 기울여 보세요. 얼룩 고양이는 오늘도 누군가에게는 사랑을 이야기하고, 누군가에게는 죽음을 이야기하고, 누군가에게는 주인된 삶을 이야기하고, 또 누군가에게는 자존감을 이야기할 테니까요.

오늘 아침 얼룩 고양이에게 20년 만에 자신 있게 대답했어요. 나는 나만의 인생을 찾고 있다고! 내 인생에서 꼭 한 가지는 좋아하는 일을 말할 수 있다고! 그리고 그 일을 지금 하고 있다고!

"오늘의 냄새"

『계절의 냄새』
양양 글·그림 | 노란상상

인터넷에서 신간 그림책 소개를 보다가 『계절의 냄새』 그림책을 만났습니다. 소개부터 마음에 꼭 들어서 이 책을 사야겠다고 생각했습니다. 그러다가 갑자기 걸려 온 전화 때문에 며칠간 잊고 지냈습니다. 문득 이 그림책이 떠올라 한참 인터넷을 뒤졌습니다. 소개 글만 생각나고 제목이 도저히 기억나지 않았거든요.

뭐였더라? 생각날 듯 말 듯 머릿속을 맴도는 찝찝한 느낌 아시지요? 가까스로 생각해 낸 제목이 '계절의 향기'였습니다. 분명하다고 생각했는데, '계절의 향기'를 검색하니 온갖 가게와 꽃 사진, 그리고 노래까지 보였지만 책은 없더군요. 그 뒤에도 한참 인터넷 서점을 들락날락하다가 『계절의 냄새』를 찾아냈을 때 얼마나 반가웠는지….

그런데 작가는 왜 향기 대신 냄새라는 단어를 선택했을까 하는 의문이 들더군요. 책을 읽고 단어를 찾아보니, 향기는 사물에서 나는 좋은 냄새이고, 냄새는 코로 맡을 수 있는 온갖 기운이라고 합니다. 무심코 향기가 더 좋은 단어 같아서 제목에 향기가 나왔으면 좋겠다고 생각했는데, 단어의 정확한 뜻을 알고 보니 이 책에는 냄새가 찰떡같이 어울리네요.

이 그림책이 마음에 든 이유는 제목뿐만이 아닙니다. 그림도 큰 몫을 했답니다. 우선 표지 그림을 보면 여자아이와 아빠가 할아버지 집을 방문하는 장면이 흐리게 표현되어 있습니다. 이 흐릿한 그림은 안개 속의 집처럼 아득하고, 가까이 있어도 손에 잡히지 않는 느낌을 줍니다. 이 그림체는 본문에서도 통일성 있게 표현됩니다. 표지의 장면은 여름의 냄새로 표현되는 장면 중의

하나입니다. 여름은 뭔가 선명하고 강렬한 색채가 어울릴 듯한데 이런 색채로 표현하기도 하는구나 신기해하면서 읽었습니다.

그런데 작가는 왜 계절별로 떠오르는 색상을 선명하게 사용하지 않았을까요? 이를테면 봄에는 분홍, 여름은 파랑, 가을은 갈색, 겨울은 흰색같이 계절을 상징하는 색을 그림책에서 뚜렷하게 사용하지 않았습니다. 작가는 봄, 여름, 가을, 겨울 모두 중간색인 갈색 계열로 통일감 있는 색상을 사용합니다. 의아해하다가 이 색채들이 '냄새'라는 단어 자체의 느낌이 아닐까 생각하게 되었어요. 냄새는 손에 잡히지도 않고 분명하게 설명하기도 힘들지만 존재하는 것만은 확실하니까요. 이렇게 생각하다 보니 그림도, 통일성도, 내용도 그 어느 것 하나 버릴 게 없는 책이네요.

작가는 봄을 시작의 냄새, 여름을 기억의 냄새, 가을을 바람의 냄새, 그리고 겨울을 변함없이 날 안아 주는 아빠 코트의 따뜻한 냄새라고 표현하고 있습니다.

그런데 책의 서문을 살펴보니 '아내와 딸에게'라고 쓰여 있습니다. 이 책은 아이의 입장에서 아버지의 사랑을 느끼는 책이라고 생각했는데, 작가 자신이 아버지인 점이 뭔가 아이러니하면서 재미있습니다. 아버지 자신이 딸아이에게 이런 존재이고 싶은 것일까요? 아니면 작가의 아버지 이야기를 쓴 것일까요? 저는 딸아이에게 존재의 가치를 인정받고 싶어하는 아빠의 투정이라고 생각하고 싶어요. 세상 모든 아버지의 바람이 담긴 책이라고 생각하니 감동도 있고, 유머도 있는 책으로 다가왔으니까요.

저에게 봄은 감나무밭에 거름 내는 냄새로 기억되고, 여름은 도랑에서 잡던 미꾸라지의 비릿한 냄새, 가을은 감이랑 배 같은 갖가지 열매의 달콤한 냄새, 겨울은 시골집의 창호지 문 사이로 들어오는 겨울바람을 막아 준 할머니의 누빔 옷에서 나는 시원하면서도 따뜻한 냄새로 기억됩니다. 그런데 이 모든 냄새는 모두 유년 시절과 함께합니다. 세상을 사는 방식은 정말 다양할 텐데요, 누군가는 미래의 꿈을 좇으며 살고, 누군가는 오늘을 충실하게 삽니다. 그런데 저는 과거를 추억하면서 살지요. "라떼는 말이야."를 말할 때 새삼 행복한 얼굴이 되니까요.

  오늘은 7년을 함께한 그림책 모임 친구들과 가을 나들이를 갔습니다. 가을과 참 잘 어울리는 『계절의 냄새』를 가지고 갔지요.

  9인승 승합차의 조수석에 앉아 뒤를 돌아보니 고교 시절에 설렘 가득한 소풍을 가는 느낌이었습니다. 현실은 육아에 지쳐 여기저기 관절이 아픈 삼사십 대 아주머니들이지만요. 놀리고 싶은 마음에 사십 대 언니들이 모여서 이야기하는 모습이 마치 노인정에서 나온 것 같다며 "어느 노인정에서 왔습니까?" 하니, "거제 아주동 노인정입니더. 다음에 놀러 오면 연락하이소." 합니다. "비 내리는 호남선~ 남행열차에~"라는 노래 한 자락도 잊지 않고요.

  유쾌한 노래를 시작으로 나뭇잎이 반쯤 떨어진 노란 은행나무 길에서 추억의 사진을 남깁니다. 이제 막 왔다고 생각했는데 저 멀리 가 버리는 가을을 아쉬워하면서요. 인스타 감성을 즐기자고 찾아간 핫플레이스 카페에서 종류별로 빵도 시키고 커피와 시나몬차도 시킵니다. 가만히 앉아 차와 그림책을 곁들이니 무척이나 행복한 장면이 연출됩니다.

이제는 저도 계절의 냄새 중 하나로 지금의 상태를 꼽을 수 있습니다. 가을의 냄새는 나들이 후 편안한 휴식의 냄새입니다. 은은한 계피 향과 갓 구운 고소한 빵 냄새가 있는 우리의 가을 냄새 말이에요. 과거를 추억하는 것도 충분히 행복하지만, 오늘의 냄새를 기억하는 것 역시 참 행복한 일이네요. 지나가 버리려는 오늘의 가을을 기억하며 가을과 참 잘 어울리는 『계절의 냄새』를 만난 오늘이 좋습니다.

"그리움을 닮은 그림책"

『여행 가는 날』

서영 글·그림 | 스콜라

며칠 전부터 머릿속을 맴도는 그림책이 있습니다. 소풍 가는 날? 기분 좋은 날? 분명히 스토리는 기억나는데, 작가와 제목이 기억나지 않아 며칠 동안 인터넷 서점을 들락날락했습니다. 그러다가 겨우 찾은 그림책이 『여행 가는 날』입니다. 귀한 그림책을 찾은 기념으로 바로 구매해서 몇 년 만에 다시 읽으니, 처음 읽었을 때보다 더 많은 생각이 듭니다.

그림책 『여행 가는 날』의 표지는 벚꽃이 흩날리는 아름다운 계절에 할아버지가 누군가와 함께 여행을 준비하는 내용입니다. 그 누군가가 어떤 인물인지는 그림책을 읽은 사람만 알 수 있습니다. 할아버지는 누군가의 방문으로 여행을 준비합니다. 할아버지는 그냥 몸만 가도 된다는 동행인의 말에도 불구하고 돈, 간식, 옷, 그리고 소중한 사진 등 꼭 필요한 물건을 챙깁니다. 여행을 준비할 때 가장 먼저 돈을 준비하고, 먹을 걸 준비하고, 여행지에서 입을 예쁜 옷을 입어 보고, 마지막으로 예쁜 사진을 남기려고 팩을 하는 모습이 우리가 여행을 준비하는 모습과 많이 닮았습니다.

우리는 여행을 떠날 때 주로 어떤 물건을 챙기나요? 아가씨 때는 여행 갈 때 내 옷과 내 책과 내 노트북을 챙겼다면, 아이와 함께 떠나는 여행은 아이들 옷과 아이들 책, 아이들 약을 바리바리 챙기느라 내게 필요한 물건은 구석으로 밀려나지요. 책을 읽다 보니 혼자 자유롭게 여행을 떠나던 시절이 그리워지는군요.

더불어 나의 소중한 물건은 무엇인지도 생각해 보게 됩니다. 옆에 이 책을 같이 읽는 친구가 있다면 친구와 여행 에피소드를 공유해도 재미있을 거예요. 내가 기억하는 최고의 여행지와 최악의 여행지를 이야기하다 보면 독서토론이라는 이름 아래 밤을 지새울지도 모르겠네요.

그림책을 좋아하다 보니, 그림책을 왜 그림책이라고 부를까? 근원적인 질문을 던질 때가 있습니다. 단순하게 생각하면 그림이 있는 책이라 그림책이라고 부르겠지요. 이 생각 저 생각, 아무 생각 대잔치를 벌이다가 마음에 쏙 드는 나만의 정의를 찾았습니다.

그림책을 읽을 때면 언제나 그리운 시절을 생각하게 됩니다. 이선미 작가의 『나와 우리』를 읽을 때면 동네 친구와 남의 집 고추장 퍼먹으면서 말썽부리던 유년 시절이 그리워지고, 임길택·김동성 작가의 『들꽃 아이』를 읽을 때면 학창 시절 좋아했던 국어 선생님이 그리워지고, 오나리 유코 작가의 『행복한 질문』을 읽을 때면 남편과의 설렘 가득한 연애 시절이 그리워집니다.

이렇듯 그림책을 읽다 보면 그리움이라는 단어와 맞닿아 있음을 느낍니다. 그리움책, 그리움책 되뇌이다가 무릎을 치며 '그리움을 닮아서 그림책이구나!' 생각하고는 꽤 마음에 든다며 혼자서 아무 생각 대잔치를 마무리합니다.

오늘 본 그림책은 그리움을 듬뿍 담은 그림책입니다. 뒤표지를 보면 "나는 그리운 사람을 만나는 거란다."라고 적혀 있습니다. 그런 만큼 이 책은 전반적으로 그리운 사람을 만나러 가는 여행에 대한 설렘으로 가득 차 있습니다. 그리운 사람을 만나야 하니, 할아버지는 예쁘게 꽃단장도 하고, 약간의 돈과 간식도 챙깁

할아버지와 손님은 밖으로 나갔어요.
구름 한 점 없는, 여행 가기 딱 좋은 날씨예요.

"자, 이제 길을 떠나 볼까?"

니다. 곁에 없지만 언제나 마음속에 있는 사람을 만날 수 있다면 얼마나 설렐까요?

표지에 나온 벚꽃 잎이 저의 설렘 코드와 아주 잘 맞아서 '이렇게 잘 표현하다니!' 감탄했지요. 여러분은 벚꽃 잎이 휘날릴 때 어디에서 무엇을 하고 싶은가요? 진해나 여의도 같은 축제 장소에 가고 싶은 사람도 있고, 연인과 함께라면 한적한 곳을 가고 싶다고 말씀하시는 분도 있겠지요.

저는 벚꽃 잎이 휘날릴 때마다 상상하곤 합니다. 오래된 벚꽃 나무가 있고, 휘날리는 꽃잎 아래 벤치에 앉아 나이든 노부부가 서로의 손을 잡고 도란도란 이야기 나누는 모습을요. 정말 많이 상상해서 어느 영화나 드라마에서 본 것처럼 선명한 이 장면은 우리 부부가 이렇게 나이들었으면 좋겠다고 생각하는 저의 로망입니다. 온 우주가 멈추고 꽃잎과 우리 두 사람만 있는 것 같은 평화로운 공간에서 서로에게 집중하며 한참 이야기하다 보면 멀리서 손주들이 달려오고 자식들도 뒤따라 오는, 그런 노년을 꿈꿉니다.

그때 우리는 잘 사는 법보다는 인생을 잘 마무리하는 법을 고민하고 있겠지요? 앞으로 즐거울 일보다는 과거에 즐거웠던 일들에 대해 말하겠지요? 그리워할 과거가 많아서 이야기가 끊이지 않으면 참 좋겠습니다.

오늘 본 그림책 중간중간에 설렘과 함께 진하게 묻어나는 감정은 '그리움'입니다. 아내와 황 영감이 그립다는 말은 한마디도 적혀 있지 않지만, 누구나 할아버지가 그 두 사람을 사무치게 그리워함을 느낄 수 있습니다. 그리운 날을 추억하며, 그리운 사람을 이야기할 수 있는 그리움을 닮은 그림책을 만나서 오늘도 행복합니다.

"나의 ㅅㅅㅎ한 이야기"

『내 마음 ㅅㅅㅎ』

김지영 글·그림 | 사계절

이 책은 다양한 'ㅅㅅㅎ'의 이야기입니다. 실제로 작가가 '심심해.'와 '시시해.'를 달고 사는 딸 덕분에 만든 책이라고 합니다. 처음 이 책을 만난 것은 하브루타 질문 수업˚에 갔을 때예요. 강사님이 짝과 함께 다양한 'ㅅㅅㅎ'을 이야기해 보라고 할 때 '상상해, 수상해, 소심해.'를 말하는 나와 달리 짝은 '섹시해, 실수해, 성숙해.'를 말하는 것을 듣고 나와 다른 사람의 이야기를 쉽게 발견할 수 있는 이 책이 참 매력적으로 다가왔습니다.

　수업이 끝나고 곧바로 책을 구입해서 딸아이와 함께 보았지요. 자연스럽게 'ㅅㅅㅎ'에 들어갈 말을 서로 주고받으며 말놀이를 하게 되었습니다. 만화책에 빠져 사는 둘째와도 말놀이가 가능하고, 심지어는 책을 그다지 좋아하지 않는 남편과도 'ㅅㅅㅎ'에 대한 이야기를 주고받을 수 있는 책입니다. 간편한 독후 활동을 원하는 엄마들이 쉽고 흥미로운 책을 원할 때 슬쩍 건네고 싶습니다. 누군가는 "제목이 다 아니야?"라고 말하겠지만, 이 책의 백미는 후반부에 있으니 끝까지 꼭 읽어 보길 권합니다.

　처음 표지를 봤을 때 제목이 '내 마음'이고 나머지 ㅅㅅ 부분이 꼭 눈썹 같아 보였어요. 이 책의 표지를 보면 바로 떠오르는 사람이 있습니다. 분홍 배경에 파란 머리카락을 가진 이 주인공은 작은언니의 모습을 꼭 닮았습니다. 거울을 보며 눈썹을 그리느라 한참을 씨름하는 나와는 달리, 언니는 동글동글한 얼굴에 깎고 다듬은 듯 예쁜 자연산 눈썹이 있습니다. 수줍은 듯 볼그스레한

˚두 명이 짝을 지어 서로 질문하고 대화하고 토론하며 진리를 찾는 유대인의 전통적인 교육 방법.

두 뺨까지 너무 닮아서 잠시 유년 시절의 언니를 만난 것 같았어요. 언니는 딸 셋 중에서 가장 예쁜 얼굴이지만 성격은 선머슴 같았습니다. 분홍 배경에 바가지머리를 한 주인공을 보면서 딸이지만 선머슴 같던 언니가 바로 떠오릅니다. 그러고는 곧바로 '수수해.'라는 말이 연상되지요.

우리 언니는 고집이 셉니다. 둘째로 태어나 위아래로 치이다가 자연스럽게 습득한 고집인지, 타고난 성품인지는 알 수 없지요. 작은언니는 고2 때 진로를 정하고는 한 번도 바뀐 적이 없습니다. 언니는 시골 학교이긴 하지만, 전교 1등을 놓치지 않는 수재였어요. 형편상 학원 한 번 보내지 않은 언니가 1등을 놓치지 않은 일은 우리 가족의 큰 자랑거리였습니다.

사실 나도 언니 덕분에 고교 시절 선생님들의 사랑을 많이 받았습니다. 항상 책을 보는 언니의 모습이 멋져 보여 무심코 나도 따라 하다가 그림책을 사랑하게 되었으니, 나의 그림책 에세이에 언니가 등장하는 것은 당연한 일일지도 모르겠습니다.

언니는 선생님들뿐만 아니라 무뚝뚝한 아빠에게도 큰 관심을 받았는데, 선생님들과 아빠의 관심사는 언니가 과연 서울대에 갈 것인가였습니다. 그런데 언니는 모두의 관심을 뒤로하고, 본인은 특수교육학과가 가장 유명한 지방사립대에 가겠다고 선언했습니다. 어릴 때부터 봉사하고 어려움에 처한 사람을 돕는 일을 좋아하던 언니는 누구의 조언도 듣지 않고 그렇게 하기로 결정했노라고 말했지요.

이십여 년 전만 해도 특수교육에 대해 인식이 나빴던지라, 아빠는 왜 그 힘든 교육을 하려고 하냐고 화내셨고 언니는 내가 꼭 해야 하는 일이라고 맞섰습니다. 6개월 동안의 대치 상황이 있었고 엄마와 다른 식구들은 중간에 끼어서 살얼음판을 걸어야 했습니다. 문제가 터진 그날은 엄마가 친정 일로 밤늦도록 집을 비웠고, 아빠와 언니, 그리고 내가 같은 공간에 있던 겨울밤이었어요. 날씨가 유난히 추운 날이라 우리는 집 안에 실내용 난로를 켜 놓고 각자의 일에 몰두해 있었는데, 갑자기 아빠와 작은언니의 목소리가 커졌습니다.

"뭐라고?"

"저는 특수교육 꼭 할 건데요."

"아빠가 이렇게 반대하는 데는 이유가 있는 기다. 몸도 약하면서, 갸들을 우째 감당할라고?"

"힘들어도 한번 해 보고 그만둘 건데요."

"인생 선배 조언도 좀 들어 봐라. 아빠가 딸한테 해되는 거 말하겠나?"

"이번엔 아빠가 양보하세요. 저는 꼭 할 거니까."

몇 번이고 설득하던 아빠가 결국 화를 이기지 못하고 옆에 있던 기름통을 들어 올렸습니다. 난로에 넣고 반쯤 남은 등유가 찰랑거리는 모습을 보고 큰언니와 나는 당황해서 어찌할 바를 몰랐습니다. 하지만 작은언니는 눈 하나 깜빡하지 않고 기름을 부을 테면 부어 보라며, 나는 절대로 꿈을 바꿀 생각이 없다며 당당히 맞섰습니다. 결국 아빠를 말리는 사람은 당황한 큰언니와 나였고, 아빠는 아무 소득도 얻지 못한 채 조용히 기름통을 내려놓았습니다.

　아빠는 그날 이후로 작은딸의 진로에 대해 말이 없으셨고, 작은언니는 그다음 해 겨울 특수교육학과에 떨어지고 말았습니다. 아빠는 속으로 은근히 좋아하신 듯했지만, 결국 언니는 복수전공과 편입을 거쳐서 지금은 그토록 원하던 특수교사를 하고 있습니다. 자기만큼 고집 센 여섯 살 딸을 키우면서 "너의 고집은 도대체 누구를 닮았니?"라는 말 한마디 하지 못하고 묵묵히 받아들이고 있지요. 집에 불을 지른다는 아빠의 협박에도 내 갈 길 가련다 하고 눈 하나 깜빡하지 않았으니 여섯 살 딸아이의 고집쯤은 애교로 봐주는 게 당연한지도 모르겠습니다.

　털털한 모습으로 꾸밀 줄 모르고 항상 바지만 입고 다니는 언니가 보기 싫다며 엄마는 예쁘게 낳아 주었으니 좀 꾸미라고 잔소리하지만, 언니는 오늘도 편한 게 최고라며 맨얼굴에 티셔츠랑 청바지를 입고 특수아동들과 씨름합니다. 가족끼리 여행이라도 가면 칫솔 하나 달랑 들고 다니며 큰언니 화장품을 바르고 내 옷을 입습니다. 가끔 학생한테 물려서 친정에 가면 엄마가 마음 아프실까 봐 그 자리에 파스를 붙이고 손목이 아픈 척 연기하기도 합니다.

　꿈을 이룬 언니가 부럽기도 하고, 굳이 힘든 일을 하는 언니가 안쓰럽기도 해서 "언니는 지금 하는 일에 만족해?"라고 물으면 다른 말은 하지 않고 "15년째 같은 일을 하지만, 아직도 출근길이 설렌다."고 대답합니다. 그런 언니를 보며 나도 뒤늦게 찾은 그림책 활동가의 꿈을 꼭 이루자고 다짐해 봅니다. 매일 아침 설레면서 오늘은 어떤 그림책으로 사람들의 마음을 열지 고민하는 내 모습을 상상합니다.

　가족에게 'ㅅㅅㅎ' 하면 떠오르는 말을 물어보았습니다. 아들의 ㅅㅅㅎ은 '소소해.', 남편의 ㅅㅅㅎ은 '소심해.', 나는 소심한 남편과 소소한 아들 사이에서 두 사람이 담대하게 세상과 부딪혀보길 상상합니다. 그 속에서 오늘도 '심심해.'를 외치는 우리 딸은 학교에서 있었던 일을 하루 내내 쫑알쫑알하겠지요?

　내가 최근에 한 가장 멋진 상상은 무엇이었나? 내가 싱숭할 때는 주로 언제인가? 최근에 겪은 수상한 일은? 잊히지 않는 속상한 일이 있는가? 도무지 해결되지 않을 것 같았는데, 살짝 돌려 생각해서 의외로 쉽게 해결한 경험이 있나? 등 쉽고 재미있는 말놀이와 하브루타 질문놀이를 동시에 할 수 있는 『내 마음 ㅅㅅㅎ』입니다. 고집쟁이 작은언니는 참 수수해, 남편은 너무 소심해, 아들은 참 소소해, 딸은 날마다 심심해, 나는 오늘도 상상해. 당신의 ㅅㅅㅎ한 이야기가 궁금해지는 책입니다.

"누나는 동생 편"

『오줌싸개 시간표』

윤석중 동화시·권문희 그림 | 여유당

여기 재미있는 그림책 표지가 있습니다. 달님의 얼굴을 한 남자아이가 하늘에서 시원하게 오줌을 '쏴아' 누고 있어요. 절구를 찧던 토끼들과 지나가던 생쥐 두 마리, 그리고 염소 할아버지는 재미난 구경이라도 하는 양 신난 표정으로 그 모습을 지켜보지요. 깜깜한 밤하늘에 반짝반짝 빛나는 별은 아이의 오줌 은하수를 따라 쏟아집니다. 이런 빛나는 오줌별이 하늘에서 쏟아진다면 한번 맞아도 괜찮겠다는 생각이 드는 건 저뿐일까요?

어릴 때 불장난을 하면 밤에 오줌을 싼다는 핑계로 어른들이 위험한 불장난하는 것을 말리는데요. 이 책에 나오는 아이도 낮에 불장난을 칩니다. 누나는 동생이 불장난을 쳐서 오줌을 쌌다고 하고, 아버지는 고단해서 쌌다고 하고, 엄마는 반찬을 짜게 먹고 물을 많이 마셔서 오줌을 쌌다고 합니다. 하지만 아이도 이유가 있었어요. 바로 꿈에서 소꿉놀이하던 초가집에 불이 났거든요. 아이 입장에서 큰 불을 끄는 방법은 '쏴아' 오줌을 누는 것이 가장 빠르겠지요?

그림책에 나오는 남자아이는 여섯 살입니다. 아이는 여섯 살이 되도록 이불에 쉬를 한다고 부모님께 혼이 납니다. 우리나라는 유독 아이들에게 기저귀 빨리 떼기를 강요하지요? 다른 친구들은 우리 애보다 몇 개월이나 생일이 늦은데 벌써 기저귀를 뗐다는 말을 들으면 엄마는 초조해지기 시작합니다. 그래서 아이는 마음의 준비가 전혀 되지 않았는데 유아용 변기를 사고, 무작정 변기에 쉬하기를 가르칩니다. 그러고 보니 우리나라 사람들은 옛날부터 아이의 소변 문제를 이웃과 공유했네요.

오줌 싼 아이에게 키를 씌워서 소금을 얻으러 가는 주인공을 보니, 마치 둘째 아이 같았습니다. 둘째는 밤 기저귀를 누나보다 수월하게 뗐습니다. 그런데 유독 시골 할머니 집에만 가면 이불에 쉬를 하곤 했습니다. 둘째는 도시 아파트에 살다가, 여름 방학 때 일주일씩 가는 시골 할머니 집을 굉장히 좋아합니다. 갈 때는 얼굴이 뽀얀 도시 아이가 얼굴이 까매질 때까지 놀고 또 놀았습니다.

아침잠도 많은 아이가 새벽 다섯 시만 되면 일어나서 할머니의 텃밭을 쫓아다니고, 오전에는 개구리와 잠자리를 잡으러 뛰어다니고, 오후에는 마당 풀장에서 내내 물놀이를 즐겼으니 밤에 오줌이 마려워도 못 일어날 만했지요. 그렇게 이틀을 연이어 실수하니, 저는 특단의 조치를 취했습니다. 바로 저희 어릴 때처럼 키를 쓰고 소금을 얻어 오라고 시켰지요.

아이는 가장 더운 한낮에도 밖에 나갈 수 있다는 생각에 그게 뭔지도 모르고 키를 쓰고 신나게 집을 나섰습니다. 뜨거운 여름 태양 때문에 아이의 머리에서는 땀이 삐질삐질 났고, 손에는 바가지를 들고, 머리 크기와 맞지 않는 키가 떨어지지 않게 조심조심 걷고 있었습니다. 아이 뒤로는 엄마인 저와 할머니, 누나, 사촌형들이 '얼레리꼴레리' 하면서 뒤를 따랐지요.

겨우겨우 도착한 옆집 할머니 집에서 아이는 키 위로 떨어지는 매와 소금을 받아내야 했습니다. 옆집 할머니가 장난스러운 말투로 야단쳤습니다.

"이놈의 자슥! 와 이불에 오줌을 싸! 다 큰 아가 와 변소 놔두고 이불에 싸노?"

아이는 참다못해 "으앙" 울음을 터뜨렸습니다. 그 자리에 모인 사람들은 그 모습이 귀여워 모두 크게 웃었지요. 옆에 있던 큰아이만 울고 있는 둘째 아이를 보듬어 주었고요. 부모가 죽고 나서도 두 아이가 서로 의지하면서 잘 살겠구나 싶어 그 모습이 대견했습니다.

옆집 할머니는 바가지에 굵은 소금을 담아 주고는 둘째 아이에게 맛있는 거 사 먹으라며 용돈도 주었습니다. 아이는 그날 이후에 키를 보면 냅다 머리에 뒤집어쓰기부터 합니다. 그 효과 덕분인지 몰라도 자다가도 벌떡 일어나 화장실에 가게 되었지요.

책에 나오는 남자아이는 오줌 싸는 버릇을 어떻게 고쳤을까요? 바로 누나가 동생을 위해 만든 오줌싸개 시간표 덕분입니다. 누나는 동생을 위해 어떤 시간표를 만들었을까요? 누나의 센스 있는 시간표를 그림책 안에서 꼭 찾아보면 좋겠습니다.

이 책을 좋아하는 이유는 바쁜 부모님 대신 누나가 동생을 생각하는 마음이 예뻐 보였기 때문입니다. 그 마음을 생각하다 보니, 요즘 다른 일로 바쁜 저 대신에 동생 수학 문제집을 같이 풀어 주는 큰아이가 생각났습니다. 저녁 준비를 할 시간에 둘째가 문제집을 풀 때면, "엄마, 모르겠어요."라는 말이 자주 들립니다. 그러면 저는 가스 불을 바로 끌 수가 없어 잠깐만 기다려 달라고 합니다. 그 사이에 큰아이는 동생 방으로 가서 모르는 문제를 열심히 가르쳐 줍니다. 어느 날은 칠판에 1부터 100까지 수직선을 그려 놓고 큰 수와 작은 수를 가르쳐 주더군요. 연년생 동생이 태어나면서부터 많이 양보하고, 많이 기다렸을 딸아이의 마음이 느껴져 마음이 짠했습니다.

"서윤아, 찬민이 가르쳐 주는 거 재미있어?"

"아니, 답답해."

"근데 왜 시키지도 않았는데 해?"

"엄마가 힘드니까."

책 속에 나오는 누나 역시 꼬불탕한 글씨로 동생의 시간표를 만들어 주는 일이 쉽지만은 않았을 것입니다. 날마다 동생을 놀리면서도 부모님께 혼나는 모습이 불쌍해서 동생의 시간표를 만들어 준 누나의 마음이 느껴지는 책입니다.

오늘은 『오줌싸개 시간표』를 함께 읽고 큰아이와 여름 방학 시간표를 만들면서 오롯이 첫째한테만 집중해 보려고 합니다. 큰아이가 여름 방학 시간표를 보면서 방학 내내 엄마의 사랑을 듬뿍 느끼길 바라면서요. 그렇게 받은 사랑을 동생에게도 조금은 베풀기를 바라는 사심도 담아 봅니다.

"생명의 무게"

『섬섬은 고양이다』

전미화 글·그림 | 창비

우리 집에는 아침저녁으로 '야옹야옹' 귀여운 고양이 흉내를 내는 사람이 있습니다. 큰아이가 유치원 다닐 때부터 시작된 고양이 사랑은 5년째 계속됩니다. 날마다 고양이 흉내를 내는 것으로 모자랐는지 친한 친구 셋이 모여 고양이 언어를 지어내는 비밀 노트도 만들었습니다. 그 비밀 언어로 가끔 엄마에게 혼이 나면 일기를 쓰기도 하지요. 익숙하지 않아서 쓰는 데도 오래 걸리고, 읽는 데는 더 오래 걸리지만 지치지 않고 무언가를 기록합니다.

딸아이가 이렇게 지치지 않고 열광하는 데는 이유가 있겠지 싶어서 도서관에 가면 고양이와 관련된 책을 죄다 빌려다 줍니다. 요즘 반려동물을 키우는 인구가 늘면서 고양이에 대한 인기가 올라가고 있습니다. 귀여운 고양이 그림책도 많이 나오고요. 그중에서도 전미화 작가가 쓰고 그린 『섬섬은 고양이다』는 작고 귀여운 느낌의 고양이가 아니라서 더 끌렸습니다. 표지에는 마치 호랑이와 같은 모습의 고양이가 늠름하게 숲에 앉아 있습니다.

제목으로 보아 호랑이가 아닌 고양이인 것은 분명한데, 배경이 정원이라 하기에는 야생의 분위기가 강합니다. 고양이 '섬섬'은 어떤 고양이일까요? 흥미로운 것은 고양이의 주인으로 나오는 인물의 이름이 나오지 않는다는 점입니다. 고양이 이름은 나오는데, 사람의 이름은 나오지 않고 다만 '인간'이라고 부릅니다. 건넛마을에서 데리고 온 고양이에게 인간은 섬섬옥수라는 단어를 떠올리고 '섬섬'이라고 이름 짓습니다. 무럭무럭 잘 자라다가 어느 날 죽을 고비를 넘깁니다. 인간은 처음으로 섬섬의 무게를 느꼈습니다.

째재쩍! 새벽마다 날카로운 소리로 저를 깨우던 존재가 있었습니다. 첫 만남은 가볍게 시작되었습니다. 언니의 지인이 키우던 앵무새를 다른 곳으로 보내려고 하는데, 혹시 키울 생각이 있냐고 해서 깊이 생각하지 않고 아이들 정서에 좋을 것 같아 집으로 들였습니다. 노란색, 초록색 깃털을 가진 모란앵무는 생김새가 너무 예뻐 아이들이 '알록이'와 '달록이'로 이름을 지어 주면서 애정을 쏟았습니다. 거의 다 자라서 우리 집으로 온 탓에 입질이 심한 버릇은 잘 고쳐지지 않았지만, 아이들은 나쁜 버릇도 그대로 인정해 주면서 가족으로 받아들였습니다. 말수가 없는 둘째는 학교에서 돌아오자마자 '형아 왔다!'라며 그날 있었던 일을 하나하나 보고하면서 애정을 쏟았습니다.

그러던 어느 날, 입질이 심한 초록색 앵무새가 노란색 앵무새를 심하게 괴롭히는 모습을 보고는 놀라서 분리시켰는데 그날 노란색 앵무새가 우리 곁을 떠나고 말았습니다. 처음에는 노란색 앵무새가 죽은 것을 발견하고 가까이 가기조차 겁이 났지만, 혹시 아이들이 그 모습을 보고 충격을 받을까 봐 상자에 고이 담아 주었습니다. 모르고 문을 열어 놓았더니 날아가 버렸다고 거짓말을 할까 고민하다가 그냥 솔직하게 말하는 게 좋을 것 같았습니다. 많이 아파서 하늘나라로 떠났다고 말해 주었습니다.

유난히 정을 많이 준 둘째 아이는 수업 중에도 대성통곡을 하고 며칠간 입맛도 잃었습니다. 할머니 댁 근처에 편지와 함께 묻어 주고, 아이도 서서히 일상을 찾아갔습니다. 그런데 몇 개월이 지난 지금도 소원이 뭐냐고 물으면 알록이를 건강하게 다시 만나는 것이라고 대답합니다. 그 말을 듣고 내가 반려동물에 대해 너무 가볍게 생각한 점을 뼈저리게 후회했습니다. 만남뿐만 아니라 이별과 돌봄과 책임에 대해서도 충분히 공부하고 들였어야 하는 생명을 너무 쉽게 생각한 것 같았습니다.

그림책 속의 인간이 섬섬의 무게를 느낀 것처럼 우리 가족도 알록이, 달록이의 무게를 느끼고는 나머지 한 마리도 키울 수 없는 지경이 되었습니다. 둘째는 눈만 뜨면 달록이를 보며 알록이를 찾았고, 저는 알록이를 쪼던 달록이의 모습이 생각나서 달록이가 미워졌기 때문입니다. 무엇보다도 한 번 더 이별을 경험할 일에 자신이 없었습니다. 말로는 할머니가 사는 시골이 앵무새가 지내기 더 좋은 환경이라고 했지만, 우리 가족은 모두 겁쟁이라서 달록이를 보내는 일에 암묵적으로 동의했습니다.

우리 가족은 생명을 끝까지 책임지지 못했지만, 책에 나오는 인간은 섬섬의 무게를 느끼고도 섬섬과 함께 살아갈 용기를 한 번 더 냈습니다. 섬섬이 더 자라서 처음 마당에 나가고 바깥 환경에 흥미를 느끼는 것을 지켜보았습니다. 섬섬이 자랄수록 인간은 더 고민합니다. '섬섬은 행복할까?'

그림책을 읽는 내내 반려동물을 키우는 일과 육아가 참 닮았다는 생각이 들었습니다. 처음 아이가 아플 때 하늘이 무너지고 조금만 열이 나도 잠을 자지 못하던 시절이 떠올랐습니다. 이 작은 아이가 어떻게 내 시간 모두를 점유할까 놀라던 순간, 처음 어린이집을 가고 학교에 가면서 점점 떠나는 아이들을 보며 고민이 깊어진 날들…. 사람이든 동물이든 생명을 가진 존재와 함께하는 일은 더 진지하게 오래 고민하고 공부해야 하지 않을까요?

　야생의 기질이 강한 고양이 섬섬을 인간은 어떻게 살게 해주었을까요? 인간에게 사랑받으며 자신의 기질을 숨기고 사는 고양이는 행복할까요? 길 위에서 위험한 환경과 싸우며 사는 고양이는 불행할까요? 반려동물과 길고양이의 삶에 대해 더 깊이 사유하게 해준 고마운 책입니다.

　개인적으로 반려동물을 키우는 사람들이라면, 혹은 키울 계획이 있는 사람들이라면 꼭 한번 읽었으면 하는 책입니다. 그리고 한 생명을 끝까지 책임지지 못했던 우리 가족을 부끄럽게 하는 불편한 책이기도 합니다. 반려동물을 키우려는 자, 모두 생명의 무게를 감당하시길….

"아빠와 함께"

『아빠의 밭』

전소영 글·그림 | 달그림

친정에 가면 꼭 들르는 오래된 밭이 있습니다. 남들이 보면 올라가는 길도 없는 험한 밭이지만, 저는 그 밭을 좋아합니다. 오래전부터 켜켜이 쌓아 온 추억 때문입니다. 그 밭은 우리 집이 가난하던 시절, 가장 먼저 구입한 땅입니다. 그전에는 남의 땅에서 농사를 짓다가 부모님이 결혼한 후에 처음으로 산 본인 소유의 땅이지요. 지금 그 땅을 사겠다고 나선다면, 저는 분명 부모님을 말릴 거예요. 맹지에 친척 집을 통과해서 올라가는 그 밭은 산비탈에 자리해서 투자 가치가 전혀 없는 땅이거든요.

그 땅을 처음 샀을 때 부모님은 참 젊었어요. 본인 소유의 땅에 농사짓는 기쁨이 컸는지, 한동안 새벽에 일어나서 경운기도 들어가지 않는 그 땅에 지게를 메고 하루는 거름을 옮기고, 하루는 비료를 옮기셨지요. 또 이듬해에는 비탈의 돌을 모두 걷어내고 농사짓는 땅을 넓히셨어요. 그 밭에서 자란 고추와 깨는 유난히 빨갛고, 유난히 고소했습니다. 농사는 사람이 들인 시간만큼의 보답을 꼭 해준다고 믿었던 아버지 덕분에 우리 자매들은 그 밭을 놀이터 삼아 자랐습니다. 밭 주변에 자리한 이름 모르는 이의 무덤가에서 숨바꼭질을 하고, 낮은 봉분에서 미끄럼도 탔습니다. 그럴 때면 일하던 아빠가 딸 셋을 흐뭇하게 바라보고는, 빨간색 소쿠리로 참새를 잡아서 선물하곤 했습니다.

밭에서의 추억이 많은 나에게 전소영 작가의 『아빠의 밭』은 그냥 지나칠 수 없는 책입니다. 은퇴 후에 작가의 아버지가 새롭게 시작한 농사가 소재인 책인데, 전소영 작가의 전작들도 모두 흙과 관련된 그림책이어서 흥미로웠습니다. 전작 『연남천 풀다발』

은 도시의 흙을, 『적당한 거리』는 화분의 흙을, 이번 『아빠의 밭』
은 자연 그대로의 흙을 그렸다는 작가의 말을 들으니, '흙 전문
작가'라는 타이틀을 붙이고 싶습니다.

  책표지를 보는 순간부터 전소영 작가의 노력을 느낄 수 있습
니다. 그림을 전문적으로 알지 못하지만, 작가가 책을 내기 위해
얼마나 오랜 시간 관찰하고 그렸는지가 느껴집니다. 정성을 들
인 책은 일반 독자에게도 진심으로 다가오고, 저는 그 진심이 좋
습니다.

  농사는 한 해가 잘되면 한 해는 안 되고, 잘되는 날만 오지는
않는다고, 하늘 아래서 겸손해진다는 식의 농사 철학이 담긴 책
은 이미 넘칠 정도지요? 하지만 이 책에서 감동받은 이유는 따로
있습니다. 바로 아빠와 딸이 그 밭에서 시간을 보내는 장면입니
다. 아빠는 농사일을 하고, 딸은 그 옆에서 묵묵히 그림을 그리는
모습이 마치 한 편의 영화 같았기 때문입니다.

  아빠는 도시의 삶을 살다가 뒤늦게 찾아온 밭에서 농사를 시
작하고, 그런 아빠를 응원하듯이 옆에서 새로운 그림책을 준비
하는 모습이 아름답습니다. 이 부녀의 모습은 서로 참 닮았구나
싶습니다. 작가의 조용하고 신중한 관찰이 마음에 들어서 나도
오늘은 뜨거운 태양 아래 바삐 움직이는 개미를 관찰해 볼까? 아
니면 유유히 움직이는 파란 하늘의 흰 토끼 구름을 따라가 볼까?
고민하게 됩니다.

  올해는 아이들의 긴 방학에도 불구하고 코로나 때문에 친정에
못 가고 있는데, 책을 읽는 내내 마음은 친정집 밭에 가 있습니

다. 지금쯤 보라색, 하얀색 도라지꽃이 활짝 피었을 텐데, 미처 꺾지 못한 고사리도 지천에 깔렸을 텐데…. '올여름에는 왜 오지 않지?' 하고 한참을 기다리실 아빠를 생각하니 마음이 급해집니다. '아빠가 좋아하는 환타와 포도를 사 들고 가야지. 올해는 특별히 『아빠의 밭』 책을 들고 가서 읽어드려야겠다.' 생각합니다. 이제는 이름 모르는 무덤 앞에서 놀지 않고, 할아버지 이름 석 자 적힌 무덤 앞에서 훌쩍 자란 우리 아이들이 한참 뛰어놀 생각을 하니 신이 납니다.

"아빠, 내가 좋아하는 그림책인데 이 작가도 밭에서의 추억을 쌓아 가는 중이야. 여기 밭도 아빠랑 추억이 많잖아. 아빠의 젊음과 늙음을 같이한 이 밭이 참 좋아. 아빠가 좋아하는 오렌지맛 환타랑 포도 사 왔으니까 맛있게 드시고, 양치 꼭 해."

"안부를 묻고 싶은 오늘"

『오늘 상회』

한라경 글·김유진 그림 | 노란상상

듣자마자 추억 여행을 하게 되는 단어가 있나요? 저는 연쇄점, 구멍가게, 전파상, 상회, 잡화점 같은 단어를 들으면 과거로 소환되는 것 같아요. 그래서 제목만 보고 무작정 읽었던 책이 『나미야 잡화점의 기적』이었는데, 최근에 그 느낌과 비슷한 그림책이 나왔어요. 노란상상에서 나온 『오늘 상회』인데, 표지부터 제 머릿속에 남아 있는 『나미야 잡화점』의 이미지와 아주 비슷했습니다. 인적이 드문 숲속의 상회가 홀로 불을 밝힌 표지를 한참 보고 있으니, 신비로운 느낌과 함께 금방이라도 저를 어디론가 데려갈 것 같습니다.

신비로운 표지를 넘기면 나오는 작가의 말이 인상 깊어요.

'강아지 '그래'가 제 손을 핥으면 저의 오늘이 시작됩니다.'

이 문장을 읽고 나의 오늘은 어떻게 시작되나 생각해 보니, 핸드폰 알람 소리로 시작된다는 낭만이라곤 한 톨도 없는 답이 나오더군요. 뭔가 멋진 대답을 찾고 싶었는데, 아쉽게도 나는 알람 소리와 함께 하루가 시작됩니다. 아마도 이 글을 읽는 많은 분이 공감하겠지요? 하지만 너무 슬퍼하지 않아도 됩니다.

그림책 작가의 오늘은 강아지 그래가 이끌었다면, 우리 모두에게는 오늘로 이끄는 그 누군가, 혹은 그 어떤 일이 있을 테니까요. 어제와 다르지 않은 오늘을 사는 것 같지만, 특별한 오늘을 만드는 법이 있습니다. 바로 오늘 내 옆에 누군가가 어떤 말을 할지, 오늘 어떤 일이 예정되어 있는지는 일어나자마자 10초만 생각해 보면 됩니다. 당연히 하는 말과 자연스럽게 흘러가는 일에 잠깐만 의미를 부여해 보면 특별한 오늘을 보낼 수 있습니다.

『오늘 상회』는 손님에게 오늘이 담긴 병을 파는 상회의 이야기입니다. 바쁜 회사원과 학생, 노인, 아저씨, 소년과 소녀 등 다양한 손님들이 작은 병을 마시고 오늘을 시작합니다. 꼬마였을 때부터 소녀 시절을 거쳐서 그 뒤 결혼을 하고 아기를 낳은 후로도 오래오래 세월을 함께하는 할머니 손님도 있습니다. 꼬마였을 때는 오늘을 더 달라고 떼쓰기도 하고, 소녀였을 때는 시간이 빨리 흘러가기를 소망하며 단숨에 오늘을 마셔 버리기도 하고, 사랑하는 사람과 결혼을 했을 때는 천천히 음미하기도 합니다. 하지만 누구에게나 주어진 오늘은 똑같습니다. 책에서는 이렇게 정확한 메시지를 던집니다.

'오늘은 천천히, 때로는 빠르게 가지만 소중하게 보내지 않으면 영원히 사라져 버린답니다.'

교육적이고 주제가 명확한 그림책은 별로 좋아하지 않지만, 『오늘 상회』가 던지는 메시지는 책의 내용과 그림이 잘 어우러져 조금도 거슬리지 않습니다. 그림책은 위에서 던진 메시지와 함께 독자에게 명확한 질문도 던집니다. 마치 '오늘 하루 어떻게 보냈나요?'라고 묻는 듯하지요.

저는 오늘 계획이 많았습니다. 오전에는 회의도 있고, 오후에는 그림을 한번 배워 보겠다고 수업도 예약해 두었습니다. 그런데 아침 일찍 학교에서 문자가 왔습니다. 아이들 학교에 코로나 확진자가 발생하여 전교생 전수 검사를 한다는 문자였습니다. 나만의 시간을 기대했다가 김빠질 겨를도 없이 아이가 힘든 검사를 견뎌야 한다는 생각에 안쓰러워졌습니다. 빵과 과일로 아침을 간단히 먹이다가 오늘은 괜스레 가엽다는 생각이 들어 아침밥도 차렸습니다. 생각보다 씩씩한 얼굴로 검사를 하고 집으로 오는 아이를 보니, 다행스러우면서도 전교생이 등교 중지된 지금의 상황이 원망스럽습니다.

그림책 속에 어제는 있었지만, 오늘은 없는 사람이 나오는데요. 마치 코로나로 씨름하는 모든 사람이 처한 상황 같다는 생각이 들었습니다. 어제 무슨 일이 있었는지는 말할 수 있지만, 오늘 무슨 일이 일어날지는 모르는 현실, 내일 일은 더더욱 계획할 수 없는 현실입니다.

예전에는 어떤 모임을 준비할 때 긴 시간을 두고 차근차근 계획했다면, 요즘은 '상황이 좀 괜찮아졌으니 내일 어때?'라는 식으로 계획하고, 그 갑작스러운 계획이 전혀 부담스럽지 않습니다. 전업주부들은 변동이 심한 아이들 등교 때문에 대부분 내일 계획이 없다는 것을 아니까요.

『오늘 상회』를 읽으며 아무것도 하지 못하고 코로나 검사 결과만 걱정하다가 흘려보낸 오늘이 아쉬워졌습니다. 그래서 머릿속으로나마 최고의 오늘을 상상해 봅니다. 아침에 아이들을 등교시키고 오랜만에 좋은 사람들을 만날 생각에 설렙니다. 행복한 오늘을 떠올릴 때 어울리는 화사한 초록색 원피스를 골라 입고 카페에 갑니다. 크림을 듬뿍 얹은 카페모카를 시키고 좋은 사람들과 달콤한 대화를 나눕니다. 좋은 사람과 함께하는 좋은 이야기는 아무리 천천히 음미하려고 해도 단숨에 지나가 버립니다.

오후에는 미술 학원의 문을 엽니다. 그림을 한 번도 배워 보지 못한 나에게 선생님은 상냥한 말투로 자세히 가르쳐 줍니다. 졸라맨을 그리는 수준의 그림 실력이 잠깐 배운다고 늘지는 않겠지만, 적어도 붓 잡는 것이 두렵지는 않게 되었다고 말합니다.

그러고는 상상의 오늘을 유리병에 넣습니다. 알찬 하루를 유리병에 넣어서 팔고 싶습니다. 이 유리병에 담긴 오늘을 마시는 사람은 누구나 무기력함을 이겨내고 좋은 사람들과 하고 싶은 일을 하며 하루를 보낼 수 있겠지요? 곁에 아무도 없다고 생각하는 누군가에게 작은 유리병에 담긴 오늘을 건네며 안부를 묻고 싶어요.

"오늘 하루 어떻게 보냈어요?"

유리병에 담긴 오늘을 상상하다 보니, 내가 지나온 최고의 오늘이 궁금해졌습니다. 최고의 오늘은 언제였는가? 다섯 살 때 처음 할머니 집에서 자고 돌아온 나를 꼭 안아 주는 엄마와 보낸 오늘? 눈만 뜨면 친구 집에 놀러가 아무 걱정 없이 신나게 놀던 오늘? 계속 뒤돌아보면서 달리기를 해서 매번 꼴찌만 하다가 뒤에 아무도 없다는 사실을 깨닫고 1등을 하면서 육상부에 들어간 오늘? 첫사랑의 설렘을 가르쳐 준 선생님을 만난 오늘? 아픈 아빠와의 시간을 오래오래 기억하고 싶어 처음 가족사진을 찍은 오늘? 생각해 보니 행복했던 오늘이 참 많습니다.

어떤 오늘을 골라 오래도록 기억할까 고민하다가 행복했던 모든 오늘을 기억하기로 했습니다. 최고의 오늘은 기억하고 싶은 것이 많은 오늘입니다. 기억하고 싶은 누군가에게 안부를 묻고 싶은 오늘입니다. 오늘 하루 어떻게 보냈어요?

"오토바이와 아버지 이야기"

『토토와 오토바이』

케이트 호플러 글·사라 저코비 그림 | 이순영 옮김 | 북극곰

고백합니다. 저는 용기가 없는 사람입니다. 높은 곳에 올라갈 용기도 없고, 깊은 물에서 수영할 용기도 없습니다. 새로운 친구를 금방 사귈 용기도 없고, 새로운 일에 도전할 용기도 없습니다. 하지만 용기가 없다고 해서 하고 싶은 일이 없는 것은 아닙니다. 언제나 부족한 용기를 북돋아 줄 무언가를 기다리고 있지요. 용기가 없는 대신 엄청난 인내심이 있거든요.

작년 한 해는 무언가 하고 싶은데, 코로나 핑계를 대며 망설이는 해였습니다. 비단 저만 그런 건 아니겠지요? 그러다가 연초에 『토토와 오토바이』라는 책을 만났습니다. 무지갯빛 바람을 싣고 오토바이를 타는 앞표지와 '용기만 있다면 정말 아름다운 세상을 볼 수 있단다. 낯선 곳도 오랜 친구처럼 느껴지지.'라고 쓰인 뒤표지를 보는 순간 "이건 사야 해!"를 외치며 우리 집 책장에 초대하게 되었지요.

토토는 조용한 밀밭에서 한 번도 길을 떠나지 못하는 토끼입니다. 날마다 길을 떠나는 꿈을 꾸지만 단지 마음뿐입니다. 그런 토토에게 바깥세상을 이야기해 주는 슈슈 할아버지가 찾아옵니다. 할아버지는 늙어서 지금은 여행할 수 없지만, 자신이 오토바이를 타고 얼마나 멋진 곳을 보았는지 이야기해 줍니다. 날마다 멋진 이야기를 들려준 할아버지는 더 이상 토토를 찾아오지 않고, 다시 조용해진 밀밭으로 할아버지의 오토바이가 배달됩니다. 할아버지의 오토바이를 받고도 '겁이 나서 그래.'라고 혼잣말하며 주저하던 토토는 드디어 작은 도전을 하게 됩니다.

이 책을 처음 봤을 때, 용기와 도전에 대한 책이라고 생각했습니다. 소심한 토토를 향해 "용기를 내어 도전해 봐!"라고 응원해 주는 책이요. 물론 그것만으로도 충분했습니다. 실제로 제가 이 책을 보고 많은 용기를 냈으니까요. 그런데 계속 읽다 보니, 이 책은 용기 이전에 '이야기'에 대한 책이라는 생각이 들었습니다.

조용한 밀밭에 찾아온 슈슈 할아버지의 이야기, 할아버지가 돌아가신 이후에도 토토의 마음속에 남아 있는 이야기, 바깥세상에서 토토가 경험한 이야기, 마지막으로 새 친구에게 들려주는 이야기까지요. 한 장면도 이야기가 없는 장면이 없었어요. 오토바이가 매개체라고 생각했는데 결국 매개체는 이야기더군요.

저도 오토바이에 얽힌 이야기가 있습니다. 한번 들어 보실래요? 저에게 아버지는 곧 오토바이입니다. 아버지를 생각하면 늦은 밤 오토바이를 타고 기분 좋게 노래 한 자락 하며 들어오시는 모습이 떠오르지요. 그럴 때면 으레 어머니의 잔소리가 뒤따랐지만, 그때마다 허허 웃어넘기시곤 했습니다. 아버지는 한량 같은 분이라 어머니가 시집살이 사느라 한겨울에 못에서 얼음을 깨고 빨래하실 때도, 시동생들 시집 장가 보내느라 힘든 농사일을 하실 때도 그저 오토바이를 타고 어머니 곁을 지킬 뿐이었습니다. 그게 가난 때문에 제때 치료받지 못한 늑막염으로 무리한 노동을 하지 못해서라는 건 다 자란 이후에 알게 된 사실입니다.

아버지와 늘 함께였던 오토바이와는 얽힌 사연이 참 많습니다. 초등학교에 입학했을 때 일입니다. 시골에서도 대부분 집에 자가용이 생기는 시기였는데, 그때도 아버지는 언제나 오토바이를 타고 어린 자식들을 등교시켰습니다. 작은자식은 앞에 세우고, 큰자식은 뒤에 앉히고…. 어린 저는 그 작고 낡은 오토바이가 창피해 최대한 학교 멀리에서 내려 주면 좋겠다고 생각했습니다. 하지만 아버지는 그 마음을 아는지 모르는지, 가볍게 학교 정문을 통과해 운동장 한가운데 내려 주셨어요. 그러면 누가 볼까 봐 인사도 하지 않고 쌩하니 달려갔고, 아버지는 그런 저를 한참 웃으며 바라보곤 하셨지요. 그 등굣길은 초등학교 6년 내내 이어졌습니다.

어릴 때 저는 사남매 중 유난히 몸이 약했는데, 학교에서 집까지 오는 10분을 다 걷지 못해 길에서 쉬다가 잠이 들 정도였습니다. 아버지는 그런 저를 보고 걱정하시다가 야생동물을 삶아 먹이면 몸에 좋다는 이야기를 들으셨습니다. 한겨울에 산에서 나는 빨간 열매를 구해서 그 안에 수면제 같은 약을 넣은 뒤 오토바이를 타고 동네에서 꽤 먼 길을 떠나셨습니다. 며칠 뒤에는 산토끼며 노루며 온갖 동물을 잡아서 몸보신을 시켜 주셨습니다. 그 덕분인지 지금도 잔병치레 없이 건강하게 살고 있습니다.

언니와 저는 같은 대학에 다녔는데, 주말에 시골집에 가면 꼭 막차를 놓칠 때까지 있다가 어머니께 혼이 나곤 했습니다. 그럴 때면 아버지는 조용히 점퍼를 꺼내 입고는 오토바이에 시동을 켰습니다. 어릴 때 타던 80cc짜리 오토바이보다는 커졌지만, 다 자란 두 딸과 아버지가 타기에는 너무 작은 100cc짜리 오토바이였지요. 그래도 아빠의 오토바이를 타면 언니와 저는 언제나 신이 났습니다. 읍내 가는 길에 언덕에서 힘이 달려서 올라가지 못하면 언니가 내렸고, 저는 아버지 허리를 꼭 껴안고 "아빠! 달려!"를 외쳤습니다.

　그렇게 언제나 자식들에게 큰 버팀목이 되어 주던 아버지는 7년 전에 오랜 지병으로 돌아가셨습니다. 돌아가시고 한 달이 채 되지 않았을 때, 아버지가 꿈에 나왔습니다. 오이 하우스 농사를 짓던 젊고 건강한 아버지의 모습으로 제가 사드린 점퍼를 입고, 작은 오토바이 위에서 콧노래를 흥얼거리고 계셨습니다. 그 모습이 너무 편안하고 행복해 보여서 꿈에서 깨고 나서도 한참을 미소 지었습니다.

　지금도 시골집에 가면 100cc짜리 낡은 오토바이가 저를 반겨 줍니다. 저는 수건으로 먼지 쌓인 오토바이를 닦고 괜스레 시동도 걸어 봅니다. 그러다가 가만히 오토바이를 안고 외쳐 봅니다.

　"아빠! 달려!"

　저는 아직도 아버지가 태워 주는 오토바이 위에서 살고 있다고 생각합니다. 초등학교 6년과 대학교 4년, 10년을 함께한 등굣길에서 저는 살아가는 방법을 배웠습니다. 토토가 말한 것처럼 언제나 함께 있는 것을 느낍니다.

　제 이야기를 듣고 생각나는 사람이 있다면 용기 내서 이야기해 주실래요? 언제나 곁에 있다고 생각되는, 마음속 깊이 품고 있는 사람의 이야기를요. 누군가의 이야기는 누런 밀밭이 싱그러운 초록 밀밭으로 변하는 것처럼 삶에 생기를 불어넣기도 하거든요.

"조금만 더 안아 주기"

『조금만』
타키무라 유우코 글·스즈키 나가코 그림 | 허앵두 옮김 | 한림출판사

저는 '조금만'이라는 말을 싫어합니다. '조금만 줘.' '조금만 봐 줘.' '조금밖에 못했어.'라고 말하는 경우처럼 대부분 비겁한 핑계를 댈 때 쓰이기 때문입니다. 보통은 자신이 없을 때 쓰이는 말이지요. 그런데 이 말을 제목으로 한 그림책이 있습니다. 제가 싫어하는 말을 가지고 어떤 이야기를 그릴까 호기심이 생겼습니다.

『조금만』 그림책에는 동생이 생긴 작은 여자아이 단비가 나옵니다. 동생이 생긴 아이의 불편함을 그립니다. 동생 때문에 엄마 손을 잡을 수 없는 단비는 엄마의 치맛자락을 조금만 잡고 걷고, 목이 마른 단비는 동생 맘마를 챙겨 주는 엄마를 대신해서 우유를 조금만 따라 마십니다. 단비는 이렇게 엄마가 동생과 함께하는 동안 조금만 성공하는 일이 많아졌습니다. 혼자 조금만 놀다가 돌아와 졸린 단비가 오랜만에 엄마에게 조금만 안아 달라고 부탁합니다. 동생을 안고 있던 엄마는 어떻게 했을까요? 어떻게 했기에 조금만 웃던 단비가 활짝 웃었을까요?

아이를 낳기 전에는 왜 사람들이 아이들을 차별하고, 같은 자식인데 아픈 손가락이 있다고 말하는지 이해하지 못했습니다. 그런데 두 아이를 낳고는 상황이 그렇게 만든다는 것을 깨달았습니다. 하나에서 열까지 다 챙겨 줘야 할 것 같은 둘째에게 신경이 더 많이 쓰입니다. 그래서 첫째가 볼멘소리를 자주 하지요.

"나도 해줘. 나는 왜 안 해줘?"

그럴 때마다 "네가 아기 때는 더 많이 해줬어. 네가 기억하지 못하는 거야." 라고 대답합니다. 그렇게 대답하면서도 마음이 안 좋을 때가 많지요.

사실 첫째는 둘째와 16개월밖에 차이가 나지 않아서 혼자 사랑을 독차지한 기간이 짧습니다. 그 기간마저도 둘째가 배 속에 있을 때 조산기가 있어서 아이는 시댁에 맡겨졌습니다. 시댁에서 할머니 할아버지의 무조건적인 사랑을 한없이 받았지만, 부모의 사랑과는 별개임을 잘 압니다. 돌이 갓 지나고 엄마와 떨어져 있으면서도 아이는 대견하게 잘 견뎌냈습니다. 거기서 아파트 상가 할머니들과 말동무가 되어 주기도 하고, 목욕탕에서 할머니들과 '캬~' 하고 식혜를 들이켜기도 하고, 뻑뻑이 신발을 신고 첫걸음마를 내딛기도 했습니다.

그렇게 큰아이의 희생 덕분에 둘째가 무사히 태어났습니다. 처음 시부모님과 병원에 찾아온 큰아이의 눈에서 처음 보는 당혹감을 읽었습니다. 내가 엄마 아기인데, 더 조그만 이 아기는 누구인지, 엄마는 내가 없는 사이에 어디서 아기를 데려왔는지 의문투성이 눈빛을 보냈습니다. 큰아이가 시무룩한 모습을 보이자 그 자리에 모인 누구도 둘째 아이를 예뻐할 수 없었습니다. 10분쯤 지나 큰아이가 낯설어하던 엄마 품에 안기고, "아기 예뻐!"라는 한마디를 하고 나서야 우리 가족은 둘째 아이를 소개할 수 있었습니다.

드디어 함께 살게 된 우리 네 식구는 고난의 연속이었습니다. 순둥이 둘째 덕에 첫째와 함께하는 시간이 많았음에도 첫째는 언제나 질투했고, 둘째는 항상 뒤로 밀려났어요. 그런 와중에 돌이 지나자 순둥이에게도 고집이 생기고 하고 싶은 것이 많아졌습니다. 그때부터 둘은 싸우고 울고를 반복했습니다. 저는 돌 전

에 둘째와 못 놀아 준 일이 너무 미안해서 계속 큰아이에게 기다림을 강요했습니다. "누나는 기다려 주는 거야. 누나가 동생을 돌봐 줘야지. 동생은 아기잖아. 동생 맘마부터 챙겨 주자."라고 말하는 경우가 많았지요.

첫째가 의젓해지기 시작한 것은 그때부터였어요. 기저귀도 알아서 떼고, 동생 간식도 챙겨 주고, 동생 기저귀를 휴지통에 넣는 것도 첫째의 일이 되었지요. 모든 일을 알아서 척척 잘하니 첫째는 이제 다 컸다고 생각했습니다.

그러다가 『조금만』이라는 그림책을 만났습니다. 책을 읽으면서 눈물이 났고, 첫째에게 기다림을 강요한 일이 미안해졌습니다. 첫째에게 위안이 될까 해서 읽어 주었지만, 아이는 웬일인지 이 책을 싫어했습니다. 싫어한다기보다는 불편해했습니다. 반복해서 기다리던 날들의 억울함이 생각나서였을까요? 아이의 반응을 보고, '아이에게는 생각보다 훨씬 많은 사랑이 필요하구나.' 하고 깨달았습니다. 이제는 큰아이가 "나는 왜 안 해줘?" 할 때 어릴 때 많이 해줬다는 말 대신, "미안해."라고 말하며 꼭 안아 줍니다. 마음의 상처가 치유되어서 『조금만』책을 아무렇지도 않게 읽기를 바라면서요.

"안녕이라는 말"

『햇살 같은 안녕』

아멜리 자보, 코린느 위크, 오로르 푸메, 샤를린 왁스웨일레 글·아니크 마송 그림
명혜권 옮김 | 북극곰

'안녕'이라는 말을 좋아합니다. 만날 때도, 헤어질 때도 '안녕'이라고 말하면 어딘지 모르게 마음이 편안해집니다. 매일 만나는 친구에게 "안녕!" 하며 반갑게 인사하고, 헤어질 때도 "안녕!" 하며 인사합니다. '안녕'이라는 말을 하고 헤어지면 다시 만날 때까지 친구의 안녕을 빌어 주는 느낌이라, 무뚝뚝한 내가 친근감을 표현하는 딱 적절한 말이라고 생각합니다. 실제로 '안녕'의 사전적 의미를 찾아보면 서로 만나거나 헤어질 때 정답게 하는 인사말이라는 뜻 앞에 편한 사이 혹은 친한 사이라는 전제가 꼭 붙습니다.

처음 『햇살 같은 안녕』이라는 책을 만났을 때, '안녕'도 좋은데 '햇살'이라는 단어까지 있어서 감격했어요. 제목만으로도 감흥을 주는 책이랄까요? 표지에는 큰 닭과 파랑새가 등장합니다. 마치 눈을 감고 노래를 부르는 듯한 닭을 파랑새가 아주 즐거운 듯 뒤따르고 있지요. 면지를 보면 큰 닭의 발자국과 파랑새의 발자국이 여기저기 새겨져 있고요. 아마도 큰 닭과 파랑새가 함께 보낸 시간을 의미하겠지 싶습니다.

주인공인 큰 닭의 이름은 '이제도 할머니'이고, 파랑새의 이름은 '파랑이'입니다. 모두가 좋아하는 할머니지만, 그중에서 파랑이가 특히 할머니를 좋아합니다. 파랑이는 할머니와 팽이를 만든 추억을 지닌, 슬픈 걸 가장 싫어하는 사랑스러운 작은 새입니다.

그런 파랑이에게 슬픈 일이 생깁니다. 엄마 아빠의 빨개진 눈으로 시작된 슬픈 일은 바로 이제도 할머니의 병입니다. 아픈 할머니를 위해 파랑이는 어떤 일을 할까요? 소중한 누군가를 잃어

버려 슬픔의 바다에서 아무것도 하지 못하고 홀로 고립된 이가 있다면 꼭 한번 읽어 보길 바랍니다.

사실 몇 달 전에 구매한 책을 다시 꺼내 본 데는 이유가 있습니다. 자주 가는 동네 카페 사장님의 아버지가 돌아가셨기 때문입니다. 일주일 넘게 문을 닫은 카페에서 언제쯤 문을 열까 왔다 갔다 했지요. 그 카페만의 바닐라라떼가 그립기도 하지만, 사장님이 너무 깊은 슬픔에 빠지지 않기를 바라는 마음도 있었습니다.

나는 쉽게 사랑에 빠지지 않지만 한번 사랑에 빠지면 오래 가는 편입니다. 지금의 남편이 그러하고, 회사 다닐 때 손짜장 가게의 매운 짜장이 그러했습니다. 2년 가까운 시간 동안 일주일에 두세 번은 점심으로 매운 짜장을 먹었지요. 아직도 굳건히 자리를 지켜 주는 모습에 감사할 따름입니다.

요즘은 동네 카페를 사랑합니다. 아주 작은 동네 카페지만, 친절함에 반해 시작된 동네 카페 사랑 때문에 하루가 멀다 하고 카페를 찾게 됩니다. 기분이 가라앉아 있으면 남편은 어느덧 동네 카페 앞에 차를 세웁니다. 바닐라라떼 한 잔에 기분이 좋아지는 나를 보고 남편은 참 단순한 사람이랑 결혼했다고 생각할지도 모르겠습니다.

그런 카페가 2주 가까이 문이 닫혀 있으니, 문도 열지 않은 카페 앞을 서성이게 되었지요. 그러다가 '사장님께 선물해야지!' 생각하며 『햇살 같은 안녕』을 또 샀습니다. 표현하는 것이 어려운 내가 이 책을 잘 전달할지 모르겠지만, 사장님께 '안녕'이라고 반말할 수는 없으니, 조용히 책을 내밀고 싶습니다. 안녕하셨냐고,

햇살 같은 안녕을 하셨냐고, 앞으로도 계속 안녕하시라고···.

사장님과 조금 더 친해진다면 이별에 대해서도 같이 이야기를 나누고 싶습니다.『햇살 같은 안녕』에서 말하는 이별은 무엇일까요? 어떤 이별이기에 햇살이라고 표현했을까요? 보통 이별은 캄캄한 터널로 많이 표현하는데, 이 책에서는 햇살로 표현하며 한없이 밝은 이미지를 풍깁니다. 책에서와 마찬가지로 나 역시 가장 아름다운 이별은 웃으며 '안녕' 하는 것이라고 생각합니다.

예전에 유시민 작가가 쓴 책에서 작가님의 장례식은 죽기 전에 보고 싶은 사람들을 불러 얼굴을 마주하며 행복했던 기억을 이야기하는 시간이 되면 좋겠다는 글을 읽은 적이 있습니다.『햇살 같은 안녕』에서도 파랑이가 할머니와의 행복한 기억들을 추억하는 모습을 보니 감동이 밀려왔습니다.

카페 사장님 아버지의 죽음을 생각하니, 부모인 나는 카페 사장님께 감정이입이 되지 않고 먼저 떠난 부모의 마음에 이입되었습니다. 내가 떠난 후 우리 아이들은 어떻게 나와 이별할까요? 엄마와의 행복한 일들을 추억할까요? 우리의 가장 행복한 시간은 언제일까요? 우리의 행복한 순간들을 찾기 위해 컴퓨터에 저장된 사진과 동영상을 뒤져 봅니다.

동영상 중 하나에는 큰아이가 처음 어린이집에 가서 '울면 안 돼.'라는 노래를 배운 날, 집에 와서 엄마에게 30분 넘게 열창해 주는 모습이 고스란히 담겨 있습니다. 같은 곡을 반복하다가 목이 쉰 모습을 열 살이 된 첫째에게 보여 주니 부끄러운 듯이 웃으며 피아노로 '울면 안 돼.'를 쳐 줍니다. 아이의 성장이 감격스러워 노래와 다르게 엄마는 울게 됩니다. 올해도 나는 산타할아버지께 선물받기는 글렀나 봅니다. 이 순간을 기억하기 위해 사진 찍기 대신 글을 씁니다. 행복한 순간이 하나하나 추억이 되어, 이별하는 순간이 올 때 아이에게 힘이 되길 바랍니다.

 처음 친구가 되는 말 '안녕', 인간관계가 끝나는 말 '안녕', 안부를 묻는 말 '안녕', 헤어질 때 하는 말 '안녕', 그 속에는 모두 대상이 있습니다. 혼자서는 절대로 할 수 없는 말이지요. 오늘도 안녕을 말할 대상이 있다면 누구나 이별을 극복할 힘을 낼 수 있지 않을까요? 상대와 행복하던 순간들을 기억하면서 말입니다.

김효진은 아동 복지를 전공하고 아동 정책과 관련된 연구를 하면서 장기 프로젝트로 두 아들(주제 1은 띵가띵가, 주제 2는 빽질빽질입니다.) 연구도 수행하고 있습니다. 그림책을 통해 어린이와 관련된 사회 문제를 이야기하는 것을 좋아하다가 그림책 서평을 쓰기 시작했습니다. 지금은 아동 권리 지킴이들을 위하여 '그림책으로 배우는 아동 권리' 프로그램을 개발하고 있습니다.

슈퍼 행복을 지키고 싶은 - 김효진

"기후 위기와 북극곰"

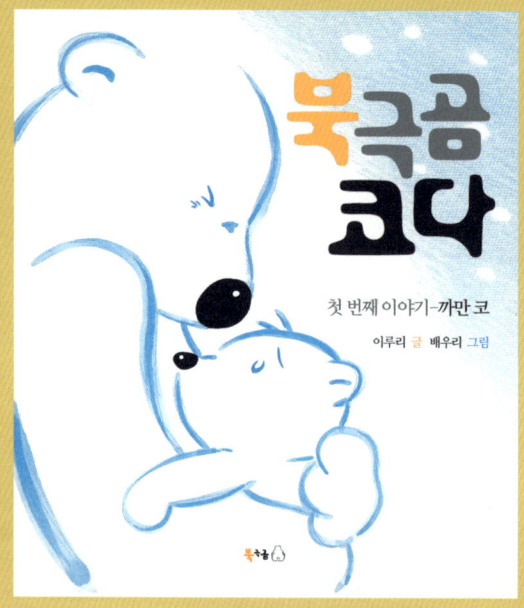

『북극곰 코다 첫 번째 이야기-까만 코』

이루리 글·배우리 그림 | 북극곰

'기후 위기'에 대한 연구를 준비하며 아이들에게 기후 위기 하면 떠오르는 것이 무엇인지 물어보았습니다. 아이들의 대답은 미세먼지나 전기차, 비건도 아닌 '북극곰'이었습니다. 물론 과학을 좀 배웠다는 아이의 지식을 뽐내는 어려운 답변도 있었지만, 북극곰이라는 답변은 정답이 없는 질문에 정답을 맞힌 것처럼 질문자에게도 참 고맙게 느껴졌습니다. 누구나 한 번쯤 녹아 가는 얼음 위에 불안하게 있는 북극곰 사진을 보았을 것이고, 아마 그 영향 때문에 이런 답이 나오지 않았나 싶습니다. 이렇게 한 장의 사진 혹은 영상의 파급력은 상당히 큽니다.

그렇다면 어린이에게 어마어마한 영향을 주는 그림책이라면 어떨까요? 이번에 소개하고 싶은 그림책은 북극곰에 대한 사랑이 가득 담긴 『북극곰 코다 첫 번째 이야기-까만 코』입니다. 심지어 이 그림책을 발행한 출판사 이름도 북극곰이라니 찰떡같은 설정입니다. 이 그림책은 엄마 곰과 아기 곰 '코다'의 이야기로, 환경의 소중함과 더불어 사는 지혜의 소중함을 일깨워 주는 그림책입니다. 실제로 이 이야기를 쓴 이루리 작가도 '어떻게 하면 사람들이 환경과 북극곰에 대해 관심과 애정을 가질까? 그리고 미래를 살아갈 어린이에게 어떻게 더불어 사는 지혜의 소중함을 일깨워 줄까?' 하는 마음으로 이 그림책을 만들었다고 합니다.

그림책은 전혀 무서워 보이지 않는 사냥꾼 '보바'가 등장하며 아주 재미있게 시작합니다. 사냥꾼은 북극곰을 찾고 싶지만 새하얀 북극에서는 새하얀 북극곰이 잘 보이지 않습니다. 그래서 북극곰을 찾는 일은 굉장히 어렵습니다. 북극곰을 찾으려면 북극곰의 유일한 약점인 까만 코를 찾아야 합니다.

　북극곰을 찾기는 어렵지만, 참 아이러니하게도 북극곰의 코는 무척 크고 까매서 아주 멀리서도 쉽게 볼 수 있습니다. 사냥꾼의 표적이 된 것을 안 엄마 북극곰은 아기 북극곰을 지키기 위해 아기 곰을 꼭 안아 주어 그 까만 코를 가려 줍니다. 아기 곰도 두 손 모은 기도로 엄마의 까만 코를 가려서 이 위기를 모면합니다. 그리고 북극곰의 절실함을 아는 것처럼 하얀 눈송이가 그들을 하얗게 덮어 지켜 줍니다.

　그림책의 마지막에 서로를 꼭 껴안은 북극곰의 그림도 마음을 찡하게 해주지만, 그것보다 감동적인 건 하얀 눈송이의 축복이었습니다. 사냥꾼의 사격을 잠시 중지시킨 것은 엄마 곰의 위대한 사랑과 아기 곰의 재치이지만 사냥꾼을 영영 돌아가게 만든 것은 눈보라였기 때문입니다.

　눈이 내린 경고일까요? 요즘 기후 위기로 어디선가는 눈이 사라지고, 어디선가는 눈보라가 친다고 합니다. 지난겨울 폭설주의보에도 아랑곳하지 않고 눈 온다고 좋아하는 아이에게 이 하얀 눈이 기후 위기의 경고라고 설명해 주기는 힘들었습니다. 누구나 눈은 온 세상을 하얗게 덮어 주는 축복이어야 한다고 생각하기 때문입니다. 하얀 눈송이가 북극곰에게 온전한 축복이었던 것처럼요.

　기후 위기를 연구하며 북극곰이 우리에게 주는 상징적 의미가 얼마나 큰지 실감하였습니다. 콜라를 마시는 묘기를 보여 주는 힙한 북극곰이 아니라 서로의 코를 가려 주는 북극곰은 우리가 꼭 지켜 주고 싶은 존재입니다. 이런 바람을 실현해 주는 그림책이 있어 정말 다행입니다. 만약 기후 위기 하면 '북극곰'이 떠올랐다면, 혹은 코다를 지켜 준 엄마 곰처럼 아기 북극곰만큼은 꼭 지켜 주고 싶은 간절함이 있는 독자라면 『북극곰 코다 첫 번째 이야기-까만 코』를 통해 그 소망을 이룰 수 있습니다.

"슈퍼 행복"

『슈퍼 거북』

유설화 글·그림 | 책읽는곰

"깨톡"

둘째 아들 '뺀질뺀질이'가 다니는 영어 학원에서 보낸 수업 평가 문자가 왔습니다. 영어로 보낸 메시지라 평소에는 대충 숙제 점수만 확인하였는데, 그날은 영어 문장에서도 느껴지는 강렬한 강조 표시에 꼼꼼히 읽어 보았습니다.

"블라블라… 그는 무척이나 사랑스러운 아들이다. 너도 꼭 읽어 봐야 한다. 블라블라…."

대략 이런 내용이었습니다. '무엇을 숙제로 썼길래 그럴까?' 궁금한 마음으로 확인해 보니, '엄마가 슈퍼 히어로라면 어떨 것 같니?'라는 주제의 에세이였습니다. 두근거리는 마음으로 읽어 보았습니다.

'만약 우리 엄마가 슈퍼 히어로라면 나는 슈퍼 히어로를 그만두라(STOP)고 말할 것이다. 그 이유는 첫째, 그 일은 너무 위험하고, 둘째, 세상에는 이미 많은 슈퍼 히어로가 있기 때문이다. 그녀는 지금도 우리 미래를 위해 일하는 슈퍼 히어로이다. 그래도 난 그녀에게 쉬어도 된다고 말해 줄 것이다. 그녀와 함께 일하는 많은 히어로가 있기 때문이다.'

영어 문법은 조금 틀렸지만 대충 이런 내용이었습니다. 뺀질뺀질이의 글에 마음이 몽글몽글해졌습니다. 제 가슴을 뭉클하게 만든 작은 아이의 슈퍼 히어로 에세이 때문일까요? 그날은 『슈퍼 거북』그림책이 생각났습니다.

우리 세대에게 '슈퍼'는 좀 특별한 단어입니다. 요즘 아이들에게는 아이언맨과 스파이더맨 등이 있는 어벤저스 군단이 유명하지만, 우리 세대에게는 슈퍼맨과 슈퍼우먼이 진정한 영웅이었기 때문입니다. 저만 그랬을지 모르지만, 동네 구멍가게도 'OO상회'보다는 'OO슈퍼마켓'이 더 세련되었다고 생각이 들 정도로 슈퍼는 강력한 힘을 지닌 단어였습니다. 그래서 그런지『슈퍼 거북』이라는 제목이 정겹기도 하고 매력적으로 느껴졌습니다.

『슈퍼 거북』은 거북이가 경주에서 토끼를 이긴 장면부터 시작합니다. 우리가 많이 알고 있는「토끼와 거북이」의 뒷이야기를 상상한 그림책입니다. 토끼를 이긴 거북이 꾸물이는 '슈퍼 거북'이라는 별명을 얻게 됩니다. 그 뒤 거북이는 슈퍼 거북이라는 별명에 걸맞게 살기 위해 날이면 날마다 열심히 노력하여 빠른 거북이가 됩니다.

만약 이렇게 그림책이 끝났다면 그냥 원작인「토끼와 거북이」의 연속편 정도에 그쳤을 테고, 이 그림책을 특별하게 기억하지도 못했을 것입니다. 그런데 이 책은 슈퍼 거북이 되고 난 후, 거북이의 행복에 대해 말해 줍니다.

한 스포츠 스타가 텔레비전에 나와서 1등에 대한 압박감과 사람들의 기대에 찬 시선이 스트레스였다고 인터뷰하는 모습을 본 적이 있습니다. 심지어 1등이었기 때문에 자신이 힘들다고 내색하는 것조차 투정처럼 보이고 아무도 공감해 주지 못할까 봐 말하지 못하였다고 합니다. 1등을 한 꾸물이의 마음도 그랬던 것 같습니다. 토끼를 이겼지만, 거북이는 외롭고 힘들어 보입니다. 행복해 보이지 않습니다.

세상에는 많은 경주가 있습니다. 많은 사람이 경주에 나가서 성공하고 싶어합니다. 그렇지만 누구나 1등이 되지는 못합니다. 모든 경주에는 1등이 있고 꼴등도 있습니다. 어떤 사람은 한 번도 1등을 하지 못할 수도 있습니다. 어떤 사람은 경주에 나가지조차 못합니다. 어떤 사람은 과거에는 경주에 나갔지만, 지금은 나가지 못합니다. 어떤 사람은 경주에 나간 선수의 가족이기도 합니다. 어떤 사람은 경주에 나간 선수의 팬이기도 합니다. 어떤 사람은 경주에 전혀 관심이 없습니다.

저는 지금까지 많은 경주에 나갔습니다. 운이 좋아 가끔 1등도 했고, 1등은 아니지만 상위권에 속한 적도 꽤 있었습니다. 어떤 때는 별로 중요하지 않다고 생각한 경주에 나가 1등을 하고서 그 경주가 얼마나 중요한지 갑자기 의미를 부여한 적도 있습니다. 많은 경주에서 1등이 되고 싶었고, 내가 얼마나 굉장한 사람인지 보여 주고 싶었습니다.

매번 경주에 나가지 않아도 된다는 걸 알게 된 지는 얼마 되지 않았습니다. 이 점을 깨달은 것은 경주에 나가 매번 탈락하기 시작하고, 더 이상 경주에 나가고 싶어도 못 나가게 된 후입니다. 사실 깨달음이 아니라 합리화였던 것 같습니다.

많은 이가 성공과 행복이 같다고 착각합니다. 저도 그랬습니다. 솔직히 지금도 행복을 이야기하면서 사회적 성공을 마음속에 떠올립니다. 누군가에게 인정받고 좋은 평가를 받는 것을 싫어하는 사람은 없을 겁니다. 그러나 경주는 경주일 뿐입니다. 그것은 내 삶의 행복과는 다릅니다. 경주에 참가해서 행복하다면 참가하면 되고, 아니면 그냥 더 행복한 일을 하면 됩니다. 만약 자신을 행복하게 만들어 주는 일이 생각나지 않는다면 『슈퍼 거북』을 읽어 보는 것도 좋습니다.

　이상하게 뺀질뺀질이의 글을 읽고서 '좋은 엄마 대회'에 나가 1등을 한 듯 기분이 좋았습니다. '좋은 엄마' 이것도 다른 이와의 비교로 느끼는 우월감일지 모르지만, 무척 행복했습니다. 사실 이 대회는 제가 주최하여 저만 선발선수로 나간 경주입니다. 그러고 보니 경주에 나가는 것, 1등이 꼭 나쁜 것만은 아닌 것 같습니다. 나를 행복하게 만드는 경주를 내가 만들면 되니까요.

　뺀질뺀질이가 알려 준 것처럼, 저는 이제 슈퍼 히어로를 그만해도 될 것 같습니다. 저 말고도 슈퍼 히어로는 너무 많고 슈퍼 히어로가 되고 싶은 사람도 많을 테니까요. 저를 슈퍼 히어로라고 말해 주고, 세상에 많은 슈퍼 히어로가 있으니 당신은 조금 쉬어도 된다고 응원해 주는 이가 있어서 행복합니다. 이제 저는 '슈퍼 행복'한 사람이 되겠습니다.

"이렇게 멋진 나"

『이렇게 멋진 날』

리처드 잭슨 글·이수지 그림 | 이수지 옮김 | 비룡소

요즘 스마트폰은 정말 영리한 것 같습니다. 기계와 친하지 않은 제가 생각하기에 폰의 여러 기능 중에서 가장 신기한 건 '추천 사진' 기능입니다. 스마트폰에 저장만 해놓고 잊고 지낸 추억을 '짠' 하고 꺼내어 알아서 재생해 주기 때문입니다. 그 사진 중 유독 '이때 진짜 재미있게 놀았지!'라는 생각이 드는 사진을 발견하면, 그날의 주인공을 불러 함께 추억합니다.

레고로 좀비 100명을 만든 날, 뽁뽁이 갑옷을 두르고 칼싸움한 날, 집에 있는 의자와 이불들을 다 꺼내서 동굴 대탐험한 날…. 그 사진들을 보고 있으면 그날의 즐거움이 온전히 느껴집니다. 요즘 아이들 말로는 '오늘 하얗게 불태웠어!'를 보여 주는 사진들입니다. 사진들이 그날의 멋진 추억을 소환해 줍니다. 잠시나마 그날의 주인공과 다시 만나게 됩니다.

오늘 소개할 『이렇게 멋진 날』은 바로 그런 날을 담은 그림책입니다. 상상을 현실처럼, 현실을 상상처럼 보여 주는 이수지 작가의 그림은 책에 대한 공감을 더욱 극대화해 줍니다. 책의 시작은 비 오는 날 조금은 지루해하는 아이들의 모습이지만, 상자 속에서 창밖을 바라보는 작은 아이의 모습 때문인지 무언가 곧 재미있는 일이 벌어질 것 같습니다.

아이들은 비가 오는 날에도 즐겁습니다. 집 안 모든 물건이 놀잇감이고 내가 하는 모든 행동이 놀이가 됩니다. 아이들은 이제 비 따위는 신경 쓰지도 않습니다. 절대 무적의 놀이 파워를 가지고 빗속으로 행진합니다. 누가 비 오는 날은 공치는 날이라 했을까요? 공치는 게 아니라 오히려 놀이의 신이 됩니다.

이제 아이들에게 비는 중요하지 않습니다. 아이들을 위해 비가 내리고, 아이들을 위해 웅덩이가 생기고, 아이들을 위해 '짠' 하고 비가 그쳤습니다. 오늘의 주인공은 아이들이고, 놀이의 주인공도 아이들입니다.『이렇게 멋진 날』에서 엄마는 낮잠을 재워 주는 침대이고, 더위를 식혀 주는 아이스크림일 뿐입니다.

어른이 되어서 주인공이 되기는 힘듭니다. '오늘 밤 주인공은 나야 나, 나야 나….' 이렇게 노래를 부르지만 내가 온전히 주인공이 되는 날이 몇 번이나 있을까요? 적어도 자기 인생에서만큼은 누구나 주인공이 되고 싶습니다. 그렇지만 나를 위해 비가 오고, 그치는 그런 날은 어른이 되고 나서는 오지 않습니다. 이렇게 그림책을 통해서 혹은 아이들의 놀이 사진을 통해 대리만족할 뿐입니다.

스마트폰의 주인은 나인데, 스마트폰에 저장된 사진의 주인공은 내가 아니고 아이들인 것처럼, 엄마로 사는 나는 주인공이 아닙니다. 스마트폰 앨범 속에는 아이들 사진으로 가득하고, 추억의 주인공이었던 예전 친구들의 프로필 사진에도 아이들 사진이 친구들을 대신합니다.

하지만 똑똑한 스마트폰이 아닌 나만의 기억 앨범에서는 제가 주인공입니다. 비 오는 날 노란 병아리를 안고 유치원 버스에서 내린 일곱 살 유치원생, 우산을 가져가지 않은 나를 위해 학교 앞에서 기다린 엄마를 보고 행복해하던 아홉 살 초등학생, 친구들이랑 빗속을 뛰어다니면서도 깔깔거리며 하교하던 열네 살 여학생이 주인공입니다. 그 기억 속에서는 내가 주인공이고 내게는 그날이 이렇게 멋진 날이고 이렇게 예쁜 날입니다.
　『이렇게 멋진 날』은 잠시 잊고 지낸 내 인생의 진짜 주인공을 소환해서 이렇게 멋진 날을 기억하게 해주는 마법 같은 책입니다. 요즘 비 소식이 자주 있습니다. 이번 비 오는 날에는 스마트폰의 앨범을 뒤적거리기보다는 비 오는 날을 좋아했던 어릴 적 나를 추억해야겠습니다. 부침개를 부치는 나를 위해 빗소리가 배경음악으로 깔리는, 이렇게 멋진 나를 위해 내가 주인공이 되는 날을 만들어야겠습니다.

"아빠는 말했어요."

『나는 강물처럼 말해요』
조던 스콧 글·시드니 스미스 그림 | 김지은 옮김 | 책읽는곰

『나는 강물처럼 말해요』는 처음부터 눈에 띈 책입니다. 멋진 표지와 더불어 구매욕을 높여 주는 은박 스티커에는 '뉴욕타임스·워싱턴포스트 올해의 그림책'이라고 적혀 있습니다. 책과 함께 증정해 준 멋진 미니 포스터는 늘 책을 살 때 잿밥에 더 관심이 많은 제 마음을 한눈에 사로잡았습니다. 저와 비슷한 독자를 위해 출판사들이 마케팅에 심혈을 기울이나 봅니다.

『나는 강물처럼 말해요』는 기대한 것보다 더 멋진 책이었습니다. 말이 잘 나오지 않는 주인공의 마음을 무척이나 잘 묘사하였습니다. 특히 그림책 그림은 포스터에 욕심낸 걸 후회하지 않을 만큼 정말 멋있습니다. 말을 더듬는 주인공이 아픔을 딛고 자라나는 과정을 읽으면 저도 함께 성장하는 것 같습니다.

『나는 강물처럼 말해요』에 대해 어떻게 소개하면 좋을지 고민하면서 책을 여러 번 다시 읽다가 문득 한 문구가 눈에 들어왔습니다.

"아빠는 말했어요. 내가 강물처럼 말한다고."

아이의 자전적 성장 이야기라고 생각했는데, '강물처럼 말한다.'라는 표현은 아이가 처음 생각한 것이 아님을 알게 되었습니다. 그 말은 주인공의 아빠가 해준 말입니다. 물론 '강물처럼 말해요.'의 주어가 '아빠'가 아닌 '나'로 바뀐 것은 주인공 아이가 지닌 내면의 힘 덕분일 것입니다. 아빠의 말을 아이가 잘 이해하고 받아들여서입니다. 그래서 『나는 강물처럼 말해요』가 아이의 성장담을 담고 있다고 소개되는가 봅니다.

마음속에 '아빠'가 들어온 이후로, 그림책을 찬찬히 다시 보며 아빠가 나온 부분을 책에서 찾아보기 시작했습니다. 아빠는 아이가 발표를 잘하지 못해서 속상한 날, 아이를 데리러 온 차에서 아이를 지켜보고 아이의 뒤에서 함께 강가를 걸었습니다. 아이를 끌어당겨 꼭 안아 주며 강물을 가리키며 말해 주었습니다.

"너도 저 강물처럼 말한단다."

『나는 강물처럼 말해요』에서 아빠의 존재를 발견하고 나니 저도 아빠가 생각났습니다. 칠순이 넘은 아빠는 늘 어릴 적 집안 형편 때문에 공부를 제대로 하지 못한 일에 대해 아쉬움이 컸습니다. 그래서 자식들 공부는 원하는 만큼 다 시켜 주겠다고, 공부를 시키는 것은 아빠의 한을 푸는 일이고, 아빠가 학비를 지원해 주는 일은 투자라고 말씀하셨습니다. 철없던 20대 시절에는 아빠의 학비 지원을 아주 당연한 일이라 여겼습니다.

그러던 어느 날 대학원 진학을 고민하던 시기에 아빠의 진심을 알게 되었습니다. 술에 취한 아빠는 "우리 딸, 아빠가 공부시켜 주는 건 투자가 아니야. 무슨 부모가 자식에게 투자니? 아빠가 너 공부하는 거, 그거 시켜 주고 싶은 건, 우리 딸 사랑해서야. 아빠는 사랑이야. 넌 아빠의 사랑이야."라고 말씀하셨습니다. 지금도 아빠의 취중진담을 생생하게 기억합니다. 『나는 강물처럼 말해요』를 다시 읽으며 제가 힘들 때마다 생각나는 아빠의 말이 다시 떠올랐습니다.

"넌 아빠의 사랑이야."

초등학교 3학년이 되었지만 날마다 늦잠을 자서 아직도 엄마가 등교시켜 주는 둘째 아들 뺀질뺀질이도 생각났습니다. 등굣길에 의식을 치르듯 우리가 나누는 대화가 있습니다.

"뺀질뺀질이는 엄마의 뭐라고?"

"별."

"별은 어떻다고?"

"빛나."

"어떻게?"

"반짝반짝!"

아무리 지각을 했어도 우리는 이 말을 하면서 달립니다. 다른 사람이 들으면 조금 민망해서 작은 소리로 이야기할 때가 더 많지만, 아이도 저도 무슨 아침마다 외우는 주문이라도 된 듯합니다. 엄마와의 이 대화를 뺀질뺀질이가 평생 기억해 주었으면 좋겠습니다. 세상에 나아가 힘든 일이 생길 때마다 '나는 반짝반짝 빛나는 별'이라는 사실을 떠올렸으면 좋겠습니다.

『나는 강물처럼 말해요』는 작가의 자전적 이야기입니다. 말을 더듬던 아이가 이렇게 멋진 이야기로 그림책을 만들다니, 불현듯 이 그림책의 탄생을 가장 기뻐했을 사람이 떠올랐습니다. 작가의 아빠가 이렇게 멋진 말을 해주지 않았다면, 아이의 마음을 보듬어 주지 못했다면 이렇듯 멋진 그림책은 탄생하지 못했을 겁니다. 작가는 아마도 남과 다른 자신의 모습에 힘들어하고, 상처받은 마음을 치유받지 못했을지도 모릅니다.

"나는 울고 싶을 때마다 이 말을 떠올려요."

만약 울고 싶을 때마다 울음을 삼키게 해주는 그런 말이 있다면, 혹은 그런 말을 해주는 사람이 있다면 우리는 세상에 당당히 맞서는 사람으로 성장할 것입니다. 돌이켜보니 저도 그랬습니다. 그리고 우리 아이도 그렇게 살아가길 소망합니다.

"사랑합니다."

『공원을 헤엄치는 붉은 물고기』

곤살로 모우레 글·알리시아 바렐라 그림 | 이순영 옮김 | 북극곰

지난주 SNS에 북극곰 편집장이자 그림책 작가인 이루리 님이 응급실에 입원하신 어머님께서 병증이 깨끗이 사라져 퇴원하셨다며 『공원을 헤엄치는 붉은 물고기』 같은 기적이 일어났다고, 그림책의 표지 그림과 함께 기쁜 소식을 올렸습니다. 편집장님의 소식을 한참 쳐다보다 그림책 『공원을 헤엄치는 붉은 물고기』를 꼭 보아야겠다고 마음먹었습니다.

붉은 물고기가 기적이라고? 그렇게 해석된다고? 그림책을 들여다보고 또 봅니다. 붉은 물고기가 기적인 이유를 잘 모르겠습니다. 마음이 계속 불편합니다. 그렇게 책을 펼쳤다 닫았다 하면서 그림책 마지막에 적어 놓은 등장인물의 이야기까지 꼼꼼히 읽어 봅니다. 『공원을 헤엄치는 붉은 물고기』가 기적인 이유를 꼭 알고 싶기 때문입니다.

『공원을 헤엄치는 붉은 물고기』는 열두 장의 그림으로만 엮은 글 없는 그림책입니다. 계속 같은 공원의 모습을 보여 주지만 열두 장의 그림 안에 다양한 사람들이 자기만의 이야기를 보여 줍니다. 그렇게 사람들의 모습과 이야기에 집중하여 기적의 의미를 찾고 있다가 한 사람을 발견했습니다.

혼자 비를 맞는 한 여자가 눈에 띄었습니다. 그림책에서 여자의 모습은 먹구름에서 내리는 비를 계속 맞는 것처럼 보입니다. 『다람쥐의 구름』에 나오는 다람쥐처럼 그 여자에게만 비가 내립니다. 다음 페이지에서 여자는 우산을 내려 구름을 쳐다보며 비를 그냥 맞습니다. 여자도 자기한테만 내리는 비가 믿기지 않는지, 진짜 비가 내리는지 확인하고 싶었나 봅니다. 다시 우산을 쓸

니다. 얼굴이 어둡습니다. 그러고는 이 상황을 그냥 받아들이기로 했는지 그대로 우산을 쓰고 걸어갑니다. 혼자만 우산을 쓰고 공원을 걸어갑니다. 먹구름은 계속 여자에게만 비를 내립니다.

그런데 몇 페이지를 넘기니 터벅터벅 걷는 여자에게 더 이상

비가 내리지 않습니다. 비가 내리지 않는다는 사실을 눈치챈 여자는 우산을 내리고 하늘을 봅니다. 우연인지 붉은 물고기도 하늘을 봅니다. 그런 뒤 여자는 우산을 접습니다. 그리고 웃으며 공원을 떠납니다. 붉은 물고기도 처음 공원에 왔던 그 자리로 돌아가 공원을 떠납니다.

　정말 다행입니다. 여자가 공원을 떠나기 전에 비가 그쳤으니까요. 그림책을 보는 내내 혼자 비를 맞아야 하는 여자의 모습이 몹시 신경 쓰였습니다. 사실 그림책을 보는 동안 주인공 붉은 물고기에는 관심도 두지 않았습니다. 여자에게만 내리던 비가 그친 것만으로도 충분히 괜찮다는 생각이 들었습니다. 단지 다른 사람에게는 없던 불운이 사라진 것인데, 당연히 일어나야 할 일이 일어난 것인데, 아니 처음부터 일어나지 않아야 할 일이었는데 그런 원망이 언제 있었냐는 듯이 모든 게 괜찮아져서 다행이라는 마음만 들었습니다. 기적이 일어난 것처럼 기뻤습니다.

　저는 기적이라는 말을 싫어합니다. 예전에 기적은 저에게도 예쁜 말이고 감동을 주는 단어였습니다. 그런데 이제는 기적이라는 말이 마음을 몹시 불편하게 합니다. 어떤 때는 이 단어를 말하고 이 단어에 감동하는 사람들과 함께 있으면 화가 나서, 그렇게 훈훈하고 따뜻한 분위기에 깽판을 치고 싶을 때도 있었습니다. 죄송합니다. 이게 솔직한 마음입니다. 15년간 의식불명 상태로 깨어나지 못하는 엄마가 있는 저에게 기적은 누군가에게는 일어나겠지만, 나에게는 일어나지 않는 일, 그것이 기적이기 때문입니다.

　사랑과 기적을 믿어야 붉은 물고기가 보인다고 합니다. 누군가에게는 희망을 주는 말이지만 또 누군가에게는 무척 가슴 아픈 말입니다. '붉은 물고기가 영원히 나타나지 않으면 어떻게 해야 하나요?'라고 묻고 싶습니다.

혹시 저처럼 이 그림책을 보면서 붉은 물고기 말고 자꾸 마음이 쓰이는 등장인물이 눈에 들어오는 분도 있을 겁니다. 아마 그 인물을 본 후부터는 붉은 물고기보다는 그 사람이 계속 신경 쓰일지도 모릅니다.

　작가는 공원을 헤엄치는 붉은 물고기가 아니라 그림책 속의 등장인물들처럼 하루하루 누군가를 걱정하고 사랑하며 살아가는 사람들의 삶을 보여 주고 싶었을 거라고 짐작해 봅니다. 그중에서도 저에게는 혼자서 비를 맞는 그 여자의 삶이 다가온 것 같습니다. 공원을 떠나기 전에 여자에게 비가 그치고, 붉은 물고기와 함께 웃으며 공원을 떠나서 다행이라고 여기는 저의 마음에 공감하는 분이 있으면 좋겠습니다.

　편집장님의 SNS 소식에 한참을 고민하다 답글을 달았습니다.

　'기적, 누군가에게는 일어나는 일. 하지만 나에게는 일어나지 않는 일이라 생각했는데, 그 누군가가 이루리 작가님이어서 같이 감사하네요.'

　편집장님은 저의 이런 고민을 아는지 모르는지 엉뚱한 답글을 달아 주었습니다.

　'사랑합니다.'

　편집장님처럼 기적이 일어났다고, 혹은 기적이 일어났으면 좋겠다고 그림책 『공원을 헤엄치는 붉은 물고기』 에세이를 훈훈하게 마무리지어야겠지만, 그러지는 못할 것 같습니다. 사실 무슨 말로 마무리해야 할지 모르겠습니다. 그래도 간절히 붉은 물고기를 보기 바라는 분들을 위해 저도 '사랑합니다.'로 이야기를 마무리해야겠습니다. 저처럼 기적이라는 단어가 마음 아픈 분들에게 어쩌면 붉은 물고기의 이야기는 사랑의 이야기로 다가갈 겁니다. 기적을 믿지 못해도 사랑은 한번 믿어 보면 어떨까요?

"막무가내 나비 고백"

『나비 아이』
최은진 글·그림 | 북극곰

'감사합니다. 저에게 날개를 달아 주셨어요. 이제 나비처럼 훨훨 날아가겠습니다.'

십여 년 전 박사학위를 따면서 지도교수님께 보내는 감사 카드에 이런 글을 쓴 기억이 납니다. 지금 생각해 보면 별거 아닌 박사라는 타이틀이 그때는 너무 절실해서 그걸 이루고 나니 모든 일이 잘될 것 같았습니다. 진짜 훨훨 날아갈 것 같았고 날고 싶었습니다. 현실은 마음과는 다르게 진행되었습니다만.

'나는 것'과 관련해서 일화가 하나 더 있습니다. 대학 신입생 오리엔테이션에서 자기 꿈에 대해 작성하는 프로그램이 있었는데 그때 지도교수님께서 저를 지목하여 발표를 시켰습니다. 글 쓰는 게 귀찮기도 하고 대학도 왔으니 더 이상 선생님들이 좋아하는 착한 글을 쓰고 싶지 않아 '드디어 대학에 왔으니 하늘을 날겠다.'라고 써서 제출했습니다.

새내기 대학생의 풋풋한 감성과 함께 마지막에 '아이 빌리브 아이 캔 플라이(I believe I can fly).'라고 덧붙여 썼는데 아마 그 내용이 조금 독특해 보였나 봅니다. <아이 빌리브 아이 캔 플라이(I believe I can fly).>는 사실 유명한 팝송 제목인데 팝송을 잘 모르는 교수님께서 저를 발표자로 지목하셨고, 낯선 친구들 앞에서 민망해하며 이 영어 문장을 읽어야 했던 기억도 납니다.

<아이 빌리브 아이 캔 플라이(I believe I can fly).>는 지금도 좋아하는 몇 안 되는 팝송입니다. 저는 가요를 좋아해서 팝송을 즐겨 듣지 않았는데도 유독 이 팝송은 귀에 쏙쏙 들리는 후렴구 때문인지 지금도 좋아합니다.

'나는 날 수 있다고 믿어요. 저 하늘에 닿을 거라고 믿어요. 매일 밤낮으로 생각해요. 날개를 펼쳐 날아가는 것을. 저 높이 날아오를 수 있다고 믿어요.(I believe I can fly. I believe I can touch the sky. I think about it every night and day. Spread my wings and fly away. I believe I can soar.)'

이 노래를 들으면 농구의 전설이라 불리는 마이클 조던이 높게 뛰어올라 덩크슛을 하는 장면이 떠오르는 분도 있을 겁니다.

되짚어 생각해 보니 저는 삶의 중요한 시작점에서 항상 날고 싶어했습니다. 사실 나는 일에 진심인 순간이 꽤 많았습니다. 지금 같이 살고 있는 남편을 처음 만났을 때 그가 매력적으로 느껴진 이유는 항공우주학을 전공했다는 사실 때문이랍니다. 그 정도로 '나는 것'을 진심으로 좋아했습니다.

이십 대 때 굉장히 재미있게 읽은 소설책인『은하수를 여행하는 히치하이커를 위한 안내서』에서도 가장 인상 깊은 내용은 하늘을 나는 법에 대해 알려 주는 부분이었습니다. 이 책에서는 하늘을 나는 요령으로 땅바닥을 향해 몸을 던지되, 그 땅바닥이라는 목표물을 놓치는 것, 땅이 거기에 있다는 사실을 잊으면 날 수 있다고 합니다. 그게 가능할지 모르겠지만 이 기발한 생각을 여전히 아주 좋아합니다. 하늘을 나는 상상을 소재나 주제로 하는 책을 지금도 좋아합니다.

최근에 만나게 된『나비 아이』도 하늘을 나는 나비를 소재로 해서 그런지 제목만 봐도 마음에 들었습니다.『나비 아이』는 나비를 무척이나 좋아하는 아이의 이야기입니다. 나비를 좋아하는 이유가 저처럼 날고 싶어서인지는 모르겠습니다. 하지만 나비라는 단어와 예쁜 노란색이 펼쳐진 치마를 입은 새초롬한 여자아이 그림이 단박에 마음을 사로잡았습니다. 어릴 때 저런 치마를 입었나 기억해 보니 생각은 잘 나지 않습니다. 그래도 그 여자아이 모습이 꼭 어릴 적 제 모습 같아서 좋았습니다.

『나비 아이』는 글이 없는 그림으로 이야기를 풀어 가는 그림책입니다. 모든 페이지의 그림 하나하나에 이야기가 담겨 있습니다. 이 책에서 가장 좋아하는 장면은 그림책이 본격적으로 시작하기도 전에 나오는, 속표지 앞쪽에 그린 그림입니다. 노란색으로 넓게 펼쳐지는 치마를 양손으로 잡고 아주 기세등등하게 걸어가는 모습입니다. 나비 아이는 나비처럼 사뿐사뿐 걸어가야 할 것 같은데, 이 아이는 그럴 생각이 전혀 없어 보입니다. 아주 의기양양하고 씩씩하게 놀이터로 걸어갑니다.

아이는 호리호리하고 가냘파 보이는데 아이의 행동은 거침이 없습니다. 신발도 벗고 벤치에서 폴짝 뛰어내리는 모습도 아주 매력적입니다. 만약 나비 아이의 행동이 우리가 흔히 표현하는 나비처럼 살랑살랑했다면 이렇게 강렬하지 않았을 겁니다. 나비 아이는 거침없이 행동합니다. 그래서 오히려 나비 아이가 굉장히 사랑스럽습니다.

'좋아하면 따라 하고 싶습니다. 좋아하면 함께 있고 싶습니다. 좋아하면 닮고 싶습니다. 여기 나비가 되고 싶은 아이가 있습니다.'

『나비 아이』의 뒤표지에 이 책을 소개하는 이루리 작가의 말이 있습니다. 『나비 아이』를 가장 잘 설명해 주는 말입니다. 그런데 저는 '좋아하면' 앞에 수식어를 더 붙여야 한다는 생각이 들었습니다. '진짜로 좋아하면' '진심으로 좋아하면' '정말로 좋아하면'이라고 앞에 덧붙이거나 '사랑하면'으로 살짝 바꾼다면 어떨까요? 나비 아이만 좋아하는 것을 특별히 강조해서 표현하고 싶은데, 그런 특별한 수식어를 찾을 수 없었습니다. 어쩌면 이런 수식어가 오히려 나비 아이의 막무가내식 '좋아함'을 잘 보여 주지 못할 것 같습니다.

『나비 아이』에서 아이는 나비를 진짜 좋아합니다. '좋아한다.'는 단어가 의미하는 스펙트럼이 무지무지 넓습니다. 사랑할 때 서투른 첫 고백에는 '사랑해.'가 아닌 '좋아해.'가 더 많이 등장합니다. 이처럼 심장이 터질 것 같은 좋아함도 좋아함이고, 여럿 중에 하나를 고를 때 '이게 좋아.'라고 말하는 가벼운 좋아함과 적당한 좋아함도 있습니다.

그런데 나비 아이의 좋아함은 순수하고 투박한, 그냥 두면 바로 터질 듯한 사랑 고백 같은 좋아함입니다. 꼭 사랑 고백이 서툰 아이가 돌진하듯 고백하는 것 같습니다. 고백하지 않아도 그냥 다 보이는, 숨기려고 해도 다 티가 나는 동네방네 소문난 좋아함 같습니다. 어떤 때는 말도 안 통하는 어린아이가 무작정 이게 좋다고 떼쓰는 것 같은 막무가내식 좋아함 같기도 합니다. 그래도 저는 나비 아이의 그 모습이 무척 사랑스럽습니다. 부럽기도 합니다.

무엇 때문인지 모르지만, 나비가 좋아서 나비가 되고 싶은 아이, 이 아이의 거침없는 마음과 행동에 자꾸 마음이 갑니다. 나비를 좋아하는 아이가 나비를 무작정 따라 하는 것이 몹시 예뻐 보입니다. 『나비 아이』를 보고 있으면 아이는 나비가 좋다고 당당하게 말하는 것 같아 부럽습니다. 그 당당함이 나비 아이의 가장 큰 매력입니다. 요즘 저는 농담으로라도 '훨훨 날고 싶어.'라는 말을 한 적이 없습니다. 오늘 오랜만에 SNS 프로필 사진을 바꾸어 볼까 합니다. 소심하게 '훨훨 날고 싶다.'라는 말은 살짝 숨기고, 나비 아이의 그 당당한 걸음만을 담아 보렵니다.

"어른 팬티 적응 괴담"

『오싹오싹 팬티!』
에런 레이놀즈 글·피터 브라운 그림 | 홍연미 옮김 | 토토북

핼러윈데이를 앞두고 눈에 띄는 그림책을 하나 발견했습니다. 그림책 표지도 제법 핼러윈과 어울립니다. 프랑켄슈타인 얼굴이 그려진 형광 초록색으로 빛나는 팬티를 집어 들고 겁에 질린 듯한 토끼의 모습이 제목과 잘 어울려 참 매력적입니다. 심지어 검은 표지 바탕에 쓰인 제목의 글씨체와 색감도 오싹오싹해 보입니다. 제목 글씨체는 공포 영화에서 무서운 악당이나 유령이 주인공에게 경고를 보낼 때나 쓰일 법한 글씨 느낌입니다. 보통 그림책과는 어울리지 않는 글씨체입니다.

요즘 소위 잘나가는 영화나 소설의 콘텐츠에는 매력적인 '빌런'이 꼭 등장한다는데, 그림책에도 악당 한 명, 아니 으스스한 팬티 한 장 정도는 등장해야 한다는 듯 무서운 팬티의 존재감이 아주 새롭게 느껴집니다. 다른 그림책에서는 보지 못해서 더 그런 것이겠지요. 공포 그림책이라고 해야 할까요? 핼러윈에 딱 맞는 그림책인 것 같습니다.

두 남자아이의 엄마인 저는 아이들에게 멋진 팬티가 아주 중요하다는 사실을 잘 압니다. 둘째 아들 뺀질뺀질이가 다섯 살 때 최고로 좋아하는 히어로 '아이언맨'이 그려진 팬티를 사 달라고 졸랐습니다. 어린이집 친구가 입고 왔는데 그게 너무 부러웠나 봅니다. 멋진 캐릭터가 그려진 점퍼나 티셔츠도 아니고 팬티가 부럽다니 다섯 살 아이의 욕심은 참 소박합니다. 친구가 팬티를 자랑했을까요? 상상만 해도 웃깁니다. 아이언맨 팬티 한 장에 기분이 좋아진 뺀질뺀질이는 날마다 그 팬티만 입고 싶어해서 같은 팬티를 몇 장 더 산 기억이 있습니다. 『오싹오싹 팬티!』의 재스퍼도 새 팬티를 살 때 아마 그런 마음이었겠지요.

 새 팬티를 사러 간 재스퍼는 공포의 초록 팬티에 반합니다. 공포의 초록 팬티는 소름 끼치는 으스스함과 무시무시한 편안함을 모두 갖춘 멋진 팬티입니다. 으스스하다며 구매를 망설이는 엄마에게 재스퍼는 아기가 아니라 '다 큰 토끼'라며 으스스한 팬티도 입을 수 있다고 말합니다. 재스퍼의 무의식 속에 다 큰 토끼로 성장하고 싶은 마음이 공포의 초록 팬티를 갖고 싶게 했나 봅니다.

 초록 팬티를 사 온 첫날 밤 재스퍼는 생각했던 것과 달리 초록 팬티의 으스스함 때문에 잠을 편히 잘 수 없었습니다. 무시무시한 팬티가 있어 용감해진 것이 아니라 이 무시무시한 팬티의 존재가 공포로 느껴졌습니다. 다음 날 재스퍼는 팬티를 쓰레기통에 던져 버리고 말았습니다. 스스로에게 절대로 겁이 나서 그런 건 아니라고, 그냥 오싹오싹 팬티에 싫증이 난 것뿐이라고 변명합니다.

 『오싹오싹 팬티!』에는 '다 큰 토끼'라는 말이 자주 등장합니다. 재스퍼는 스스로 더 이상 어린 토끼가 아니라는 점을 계속 강조합니다. 어릴 때는 얼른 빨리 어른이 되고 싶습니다. 재스퍼의 마음도 그런 것 같습니다. 그런데 저절로 어른이 되지는 않습니다. 시간이 흐르면 한 살 한 살 나이는 먹지만 그렇다고 전부 다 진짜 어른이 되는 것은 아닙니다. 가끔 어른이 되는 것이 두렵기도 합니다. 재스퍼처럼 '다 큰 어른'을 위한 팬티를 몰래 버리고 싶을 때도 있습니다.

 그림책의 내용은 재스퍼와 초록 팬티의 동거 괴담으로 이어집

니다. 재스퍼가 공포의 초록 팬티와 함께 사는 이야기로 끝을 맺습니다. 재스퍼가 얼마나 열심히 공포의 초록 팬티와 별거하려고 하는지 그 노력하는 과정이 굉장히 재미있습니다. 물론 재스퍼에게는 험난한 일이었습니다. 그런데 재스퍼가 공포의 초록 팬티와 결국 동거하기로 결심하는 과정이 참 단순합니다. 『오싹오싹 팬티!』에서 이 부분이 마음을 사로잡았습니다. 팬티를 거부하는 일은 너무나 힘들었는데, 팬티를 받아들이는 일은 그냥 마음 한번 먹으면 되는 것입니다.

원래 그런 것 같습니다. '모든 게 마음먹기에 달렸다.' 이 말은 너무 식상하지만 그래도 반박하기 어려운 말입니다. 아무리 힘든 팬티 입기도 그냥 마음 한번 먹으면 해낼 수 있기 때문입니다. 재스퍼가 그냥 '다 큰 토끼답게' 마음만 먹으면 되는 것처럼 말입니다.

『오싹오싹 팬티!』에서 '팬티'는 어른이 되는 것에 대한 내 안의 두려움, 혹은 도전하고 싶은데 겁이 나는 마음 등 다양하게 해석될 것 같습니다. 실제로 『오싹오싹 팬티!』에 대한 서평을 보면 '두려움'과 '성장'이라는 키워드로 팬티에 대한 해석을 많이 합니다. 그런데 저에게 『오싹오싹 팬티!』의 키워드는 '마음먹기'입니다. 그냥 혼자서 불현듯 그런 깨달음이 다가왔습니다.

더 이상 하얀 팬티만 입을 수 없다는 걸 알았다면, 혹은 초록 팬티를 꼭 입고 싶다면 그냥 눈 한번 질끈 감고 입으면 됩니다. 물론 초록 팬티를 입었다 벗었다 던져 버리기도 하는 과정을 겪어야 할지도 모릅니다. 그리고 나서도 계속 초록 팬티가 신경 쓰인다면 그다음 차례는 '다 큰 어른답게' 마음먹으면 됩니다.

  혹시 마음먹기조차 미루고 싶으면 마음먹기하고 싶을 때까지 계속 흰색 팬티를 입으면 됩니다. 모든 이가 초록 팬티를 입을 필요는 없을 테니까요.

"내가 프레드릭 하면 되잖아!"

『프레드릭』
레오 리오니 글·그림 | 최순희 옮김 | 시공주니어

"그래서 프레드릭 4번 문제는 12야, 자 다음 문제도…."

요즘 초등학교 3학년인 둘째 아들 뺀질뺀질이는 '프레드릭' 인형과 함께 수학 문제를 풉니다. 수학 문제를 푸는 시간에 조금이라도 딴짓할 시간을 벌고 싶어 프레드릭을 끌어들인 것 같습니다. 이 모습에 웃음이 나옵니다. 꾀돌이 아들의 행동이 웃기고, 프레드릭이 수학 공부를 해야 하는 상황도 웃깁니다.

사실 수학 문제를 푸는 프레드릭을 보며 느낀 감정은 단순한 즐거움이 아니라 정확히는 통쾌함에 가깝습니다. 햇살, 색깔, 이야기를 모으지 못하고 꼼짝없이 수학 공부를 해야 하는 프레드릭을 보면서 묘하게 기분이 좋아졌습니다.

'봐, 너도 꼼짝 못하게 강제로 일을 시키는 사람이 있으면 어쩔 수 없었을 거야.'

속마음이 이렇게 말합니다. 그림책 속 주인공 프레드릭과 달리 인형 프레드릭은 등을 돌리지도 못하고 꼼짝없이 수학 문제를 같이 풀어야 합니다. 심지어 뺀질뺀질이의 서툴고 지루한 문제풀이 설명도 들어야 합니다.

그림책 인형 굿즈가 나올 만큼 『프레드릭』은 아주아주 유명한 그림책입니다. 아이들뿐만 아니라 어른들에게도 유명하고, 그림책을 활용한 독후 활동에서도 빠지지 않는 그런 그림책입니다. 그런데 『프레드릭』은 저에게 너무 어려운 책이었습니다.

예전에 어린이집 교사들이 참여하는 워크숍에서 『프레드릭』으로 토의해야 하는 시간이 있었습니다. 그림책을 함께 보고 토론하는 과정에서 강사인 제가 먼저 이 책에 대한 가이드를 주어야 하는데, 어떻게 해야 할지 몰라 몹시 힘들었습니다. 박봉에 시달리고 돌봄 노동의 가치를 무시당하면서도 날마다 성실하게 일하는 어린이집 선생님들에게 「개미와 베짱이」에서 베짱이 역할을 맡은 프레드릭에 대해 이야기하는 일이 곤욕스러웠습니다.

고뇌 끝에 저는 어린이집에서 프레드릭처럼 조금 특별한 아이가 있다면 그 아이도 존중해 주어야 한다며 그림책 토론을 마무리하곤 했습니다. 그래서 『프레드릭』은 저에게 그림책이 아니라 강의 자료입니다. 책장에도 강의 자료 칸에 꽂혀 있습니다.

이후 그림책에 다시 관심을 가지면서 그래도 유명한 그림책의 해석과 의미는 제대로 알아야 한다는 마음으로 『프레드릭』과 관련된 해석을 공부했습니다. 그리고 『프레드릭』을 찬찬히 살펴보았습니다. 이 책의 진정한 가치를 느낄 부분을 찾고 싶어서 『프레드릭』에서 좋아하는 그림과 글을 찾으려고 노력했습니다. 그런데 쉽지 않았습니다.

그러다 '나는 왜 프레드릭이 불편하지?'라는 생각이 들었습니다. 그래서 『프레드릭』에서 마음에 들지 않는 부분을 찾기 시작했습니다. 다른 들쥐들에게 등을 돌린 프레드릭 모습도 싫고, 프레드릭만 혼자 주인공하고 나머지 들쥐들은 이름조차 없는 것도 싫었습니다.

'들쥐들은 바보 같은 여우와 어리석은 고양이 얘기를 하며 지냈습니다. 들쥐 가족은 행복했습니다.'

특히 이 문장이 몹시도 싫었습니다. 들쥐들이 그들의 천적인 여우와 고양이에 대해 뒷이야기를 하는데, 프레드릭만 우아하게 햇살과 색깔을 이야기하는 장면이 마음에 걸렸습니다. 참 싫은 것투성이인 그림책입니다. 왜 그럴까요?

그러다 뺀질뺀질이가 프레드릭 인형에게 수학 문제를 억지로 설명해 주는 모습에서 통쾌함을 느끼는 저를 보면서 깨달았습니다. 지금까지 저는 프레드릭이 못마땅했습니다. 그런데 그 속마음은 질투였습니다. 보통 그림책을 읽으면 주인공에게 공감하고 동일시하는데 『프레드릭』을 읽고 있으면 그 이름 없는 들쥐 중 한 마리가 제 모습처럼 느껴졌나 봅니다.

별자리를 공부하신 어떤 분의 말에 따르면 사자자리는 리더가 되어야 직성이 풀린다고 합니다. 사자자리인 저는 늘 주인공이고 싶은데, 들쥐같이 사는 모습이 싫었나 봅니다. 프레드릭과 다른 데다 심지어는 그림책 속의 이름 없는 들쥐 같아서 이 그림책이 싫었나 봅니다. 제 모습이 싫었나 봅니다.

이제 『프레드릭』을 좋아하기 위해 마음을 바꾸려고 합니다. 이제는 프레드릭이 이름 붙인 봄 들쥐, 여름 들쥐, 가을 들쥐, 겨울 들쥐가 아니라 이름 있는 주인공이 되려고 합니다.

'내가 프레드릭 하면 되잖아.'

마음이 제게 답을 알려 줍니다. 저도 당당히 햇살, 색깔, 이야깃거리를 모으며 "나도 일하고 있어."라고 말하려고 합니다.

어젯밤에 뺀질뺀질이가 잠자리에서 프레드릭을 꼭 안고 동화책을 읽어 주는 모습을 보았는데 이상하게 통쾌함을 느끼지 못했습니다. 오히려 부럽고 다시 질투가 났습니다. 아무래도 잠자리에서 프레드릭을 빼앗아야겠습니다. 글을 마치며 불안합니다. 문득 '프레드릭이 수학을 좋아하는 예술가였으면 어쩌지? 수학 천재면 어쩌지?' 그런 생각이 드니, 다시 마음에 짜증과 화남, 그리고 부러움이 뒤섞입니다. 그러다 다시 생각합니다.

'나도 수학 좀 잘했잖아.'

"아무 이유 없이"

『나를 봐』
최민지 글·그림 | 창비

누가 한 말일까요? 이 그림책에 대한 오해는 이렇게 시작되었습니다.

'나를 보라고? 특별한 나를 보여 주는 그림책인가?'

제목만 보고는 어떤 이야기를 담았을지 잘 모르겠습니다. 『나를 봐』 그림책 표지를 보니 두 여자아이가 보입니다. 자세히 보니 닮은 듯 다른 두 아이의 눈에 서로의 얼굴이 담겨 있습니다. 그러면 두 아이 중 누가 한 말 같기도 하고, 아니면 서로가 서로에게 해주는 말일지도 모른다는 생각도 듭니다.

『나를 봐』 그림책은 두 아이가 주인공입니다. 두 아이의 이야기는 이렇게 시작합니다.

'너를 잘 몰랐는데 친구가 되었지.'

어른이 되어 가면서 직장 동료는 생기지만 친구를 사귀는 것 같지는 않습니다. 가끔 육아 전쟁 속에서 끈끈한 전우애가 쌓여 아이의 친구 엄마들이 내 친구로 남기도 합니다. 하지만 보통은 아이 친구 엄마들도 '아이'를 통해 사귀게 된 사이이기 때문에 그 아이와 관계가 멀어지거나 다툼이 생기면 멀어질 수밖에 없습니다. 어른이 되고 나서는 친구를 사귀는 게 쉽지 않습니다.

『나를 봐』 첫 문장을 읽고 나니 어른이 되면서 친구 사귀는 방법을 잊었거나 잘못되었다는 것을 알게 되었습니다. 어릴 적 친구는 '친구가 되고' 나서 서로를 알아 갑니다. 그런데 어른이 되어서 친구를 사귈 때는 서로를 알고 나서 친구가 될지 말지 고민합니다. 어른이 되면서 친구 사귀는 법을 잊었나 봅니다. 친구가 되는 법도 자꾸 잊히나 봅니다.

잘 모르면서 친구가 되다니요? 분명 저도 그렇게 친구를 사귀었으면서 새삼스럽게 느껴집니다. 생각해 보면 어릴 적에는 새 학기 옆자리에 앉아 짝이 되기만 해도 친구가 되어 같이 도시락을 먹었습니다. 최근 유행한 영화 <오징어 게임>처럼 구슬을 같이 합쳐 한편이 되기만 해도 친구가 되었습니다. 초등학교 3학년 아들 뺀질뺀질이한테 가끔 "오늘 누구랑 놀았어?" 물어보면, 항상 "친구."라고 대답합니다. "친구 누구?" 물어보면 친구 이름도 모릅니다. 몰라도 친구가 됩니다.

최근에 들은 인상 깊은 조언이 하나 있습니다. 어느 연예인이 재미있는 이야기라고 소개했지만, 유머를 유머로 받아들이지 못하는 저는 올해의 명언이라고 손꼽을 만큼 많은 생각이 든 이야기였습니다. 연예인의 삶을 살며 아무 이유 없이 자신을 미워하는 사람들에 대한 고민을 털어놓자 연예계 선배가 아주 쉽게 결론을 내주었다고 합니다.

"아무 이유 없이 누군가 자신을 미워하는 것은 어쩔 수 없는 일이야. 아무 이유 없이 누가 나를 좋아하는 일은 설명이 가능하냐? 잘 알지 못하면서 사람을 싫어하기도 하고 좋아하기도 해. 그건 어쩔 수 없는 일이라고. 그러니까 그냥 퉁쳐!"

이런 조언으로 고민을 해결해 주었다고 합니다. '퉁친다.'는 말에 한참을 웃었습니다.

누굴 좋아하는 건 아무 이유가 없습니다. 첫 시작은 그래야 합니다. 사실 그 상태로도 친구가 되기에 충분합니다. 그런데 진짜 친구가 되어 본 사람이라면, 누군가를 정말 좋아해 본 사람이라면 그다음이 뭔지 다 압니다.『나를 봐』의 주인공도 그랬답니다. 한 아이가 다른 한 아이를 자꾸 봅니다. 그 아이를 알고 싶어합니다. 계속 궁금해합니다. 친구가 힘들 때 먼저 손을 내밉니다. 그러고 이렇게 말합니다.

"나를 봐."

이 말은 '내가 지금 너를 보고 있어.'와 같은 말입니다. 아니 어쩌면 더 많은 뜻이 담긴 말입니다. '나를 봐'라는 말에 서로를 바라보며 한 아이의 눈에 다른 한 아이가 담긴 것처럼 온전히 서로가 담겼습니다.

『나를 봐』그림책을 보고, 제가 처음 던진 질문에서 '누가'가 아닌 '누구에게' 한 말인지로 해석해야 함을 알았습니다. 아니, '누가 누구에게' 한 말일지가 정확한 질문입니다.

아무 이유 없이 누군가에게 상처받고 힘든 일이 생겼다면,『나를 봐』의 친구처럼 그냥 아무 이유 없이 친구가 되어 주는 사람들도 있다는 걸 기억했으면 좋겠습니다. 서로 다른 방향으로 길을 가는 모르는 사이의 사람들로 시작된 그림책『나를 봐』의 그림이, 서로의 손을 잡아 주고 서로의 친구가 되어 주는 그림으로 끝나는 것처럼 말입니다.

"토요일 밤은 간식 타임"

『금요일엔 언제나』
댄 야카리노 글·그림 | 이순영 옮김 | 북극곰

세상에서 가장 존경하는 사람은 아빠입니다. 제가 초등학교 5학년 때쯤까지 아빠는 조그마한 회사를 성실히 다니는 월급쟁이였습니다. 아침마다 출근하시는 아빠가 주시는 용돈을 받으려고 오빠와 제가 내복 차림으로 출근 인사를 드린 기억이 지금도 또렷합니다. 아침마다 아빠가 아들과 딸에게 주는 용돈 50원, 100원을 장만하려고 퇴근길 버스비를 아끼며 걸어오셨다는 사실은 어른이 되어서야 알았습니다.

아빠는 월급날마다 가족 예배를 드렸습니다. 한 달간 힘들게 일해서 번 월급봉투를 가지고 오신 날, 그날은 우리 가족이 감사 예배를 드리는 날이었습니다. 혹시 특정 종교에 반감이 있는 분께는 가족 예배를 통해 신앙심보다 감사를 배웠다고 밝히고 싶습니다.

가족 예배를 드리고 나면 언제나 우리는 다과 시간을 즐겼습니다. 사실 지금은 가족 예배 때 무얼 했는지 잘 기억나지 않습니다. 그런데 가족 예배 후에 함께한 다과 시간은 그날 먹은 간식이 무엇이었는지도 생생히 기억납니다.

사과, 귤, 딸기처럼 조금은 흔한 제철 과일, 웨하스, 버터링 쿠키, 사브레, 쿨피스는 다과 시간의 단골 간식 목록입니다. 40대인 저보다 나이가 더 있는 분은 눈치챘을 겁니다. 비록 슈퍼에서 파는 기성품이지만 새우깡, 감자깡, 양파링이 아닌 쿠키를 선택했다는 사실만으로도 아주 특별한 날이었습니다. 음료가 '훼미리 주스'가 아니었다는 점이 조금 아쉽지만, 아빠의 월급날은 평소에 잘 먹지 않는 고급스러운 과자를 맛볼 수 있는 날이었습니다.

아무리 추워도

눈보라가 쳐도

동네 제과점의 빵이나 쿠키였으면 더 좋았겠지만, 그때는 이름까지 우아해 보이는 그 과자들을 먹을 수 있는 고급스럽고 행복한 날이었습니다. 저는 그날을 많이 기다렸습니다. 아빠가 사업을 시작한 후에는 월급날이 없어져서 그랬는지 더 이상 가족 예배를 드리지 않았습니다. 아마 살림 형편이 더 힘들어졌기 때문일 것입니다.

지금도 아빠의 월급날, 그날의 예배와 다과 시간은 영원히 기억에 남을 소중한 추억입니다. 사실 가족 예배를 드리는 다른 가족을 보지 못했기에 월급날 추억이 조금 특별하다고는 생각했지만, 『금요일엔 언제나』를 읽기 전에는 이 추억이 얼마나 특별하고 소중한지 몰랐습니다. 『금요일엔 언제나』를 읽고 나서야 아빠가 얼마나 큰 추억을 선물해 주신 건지 깨닫게 되었습니다.

『금요일엔 언제나』에서 아이와 아빠는 금요일 아침마다 집을 나서서 둘만의 식사를 합니다.

그런데 보통의 그림책이라면 그렇게 집을 떠나고 나서 아빠와 아들이 힘든 역경을 극복하거나 멋진 모험을 떠나야 하는데, 『금요일엔 언제나』에서는 그리 특별한 일은 일어나지 않습니다. 그냥 둘이서 집을 나서 동네 거리를 지나 식당으로 향합니다. 아빠와 식당으로 가는 길에도 그냥 거리의 풍경을 같이 감상할 뿐 매번 똑같은 길을 걸어갑니다. 식당에 가서 아빠와 식사를 하고 식사를 마치고 다시 식당을 나섭니다.

이 특별할 것 없어 보이는 날에 특별함을 부여하는 말은 '언제나'인 것 같습니다. '언제나'라는 말에는 특별함이 있습니다. 자주 사용하는 익숙한 말인데 이 단어가 특별하게 다가와 오랜만에 국어사전 검색을 해 보았습니다.

언제나는 '모든 시간 범위에 걸쳐서, 또는 때에 따라 달라짐이 없이 항상'이라는 뜻이랍니다. 비슷한 말로는 '백날' '사철' '노상' '늘' '마냥' '매일' '밤낮' '으레' '항상' 이 있습니다.

알던 뜻인데도 언제나의 의미가 새로웠습니다. 비슷한 말 중에서 사계절이라는 뜻의 '사철'이라는 단어가 눈에 띄었습니다.

'금요일마다 아빠랑 나는 아침 일찍 집을 나서요. 아무리 추워도 눈보라가 쳐도 해가 쨍쨍해도 비가 내려도요.'

이 장면 때문인 듯합니다. 그림책에서는 어느 금요일 단 하루를 보여 주는데, 금요일에는 '언제나' 아빠와 아들이 걸어가는 모습을 상상하게 되었습니다.

언제 어떻게 시작되었는지 기억나지 않지만, 요즘 우리 가족은 토요일 밤이면 간식 타임을 즐깁니다. 처음에는 이 시간을 가리키는 이름이 따로 없었습니다. 둘째 아들 뺀질뺀질이가 "엄마, 오늘은 간식 타임 안 해?"라고 물어본 이후로, 그 시간을 우리 가족 모두 '간식 타임'이라고 부릅니다.

평소 살이 찔까 봐, 아토피가 심해질까 봐 과자를 마음껏 주지 않는데, 이 시간만은 아이들이 먹고 싶은 과자를 하나씩 골라 먹습니다. 저와 남편은 맥주나 포도주를 한잔합니다. 가끔 술 한잔에 기분 좋아진 엄마가 보너스로 과자를 한두 봉지 더 내놓기도

해가 쨍쨍해도

비가 내려도요.

합니다.

간식 타임에는 일주일 동안 생긴 소소한 각자의 일상 이야기를 떠들며 즐거워합니다. 사춘기 첫째 아들 띵가띵가의 2차 성징을 놀리기도 하고, 코로나로 여행을 못 가는 요즘은 주로 이전에 아이들과 함께한 여행 추억을 이야기하며 즐거워합니다.

가끔은 엄마와 아빠 연애 이야기도 합니다. 매번 빤한 질문에 빤한 대답인데도 즐거워합니다. 요즘 두 아들의 단골 질문은 "엄마는 아빠 뭐가 좋아서 결혼했어?"입니다. 그 질문에 제가 늘 "응, 얼굴 보고. 아빠는 얼굴밖에 볼 게 없잖아."라고 대답하면 두 아들은 일부러 아빠를 놀리려고 깔깔깔 크게 웃습니다.

영화 <극한직업>을 보신 분이라면 이 대답에 아이들이 재미있어하는 이유를 알아차릴 겁니다. 영화 <극한직업>에서 못생긴 형사 배역을 맡은 진선규 배우가 악당에게 아주 많이 맞는 장면이 있는데, 많이 맞아 더 못생겨진 진선규 배우 얼굴을 본 이하늬 배우가 "얼굴밖에 볼 거 없는 사람을 이렇게 때렸냐!"며 화를 내는 장면이 있습니다. 우리 가족도 그 장면에서 많이 웃었답니다.

『금요일엔 언제나』의 작가가 남긴 말을 보면 금요일이면 아들과 함께하는 아침 식사가 작가의 가족에게는 작은 일상이지만 멋진 전통인 것 같습니다. 『금요일엔 언제나』 책을 읽고 나서 토요일 밤 간식 타임을 우리 가족의 전통으로 만들고 싶다는 계획이 생겼습니다. 간식 타임도 작가의 말처럼 작지만 멋진 전통이 될 것입니다. 아빠가 만들어 준 월급날의 추억처럼 아들들에게 간식 타임도 소중한 기억으로 남으면 좋겠습니다.

『금요일엔 언제나』 책을 읽고 나면 아마 다른 분도 저같이 '월급날엔 언제나' 혹은 '토요일 밤엔 언제나' 계획을 세우실 것 같습니다. 특별함을 위해 '언제나'가 붙어야 한다는 점을 잊으면 안 됩니다.

"우리의 행복한 그때,
그리고 행복한 지금"

『초록 거북』

릴리아 글·그림 | 킨더랜드

"나 낳을 때 힘들었어?"

중학교 1학년인 큰아들 띵가띵가는 답을 알고 있지만 또 묻습니다.

"2박 3일이나 분만실에 있었다니까. 심지어 분만실에서 밥도 먹었어."

띵가띵가의 질문에 매번 너를 낳느라 죽을 뻔했다며 출산 이야기를 생색내면서 답해 줍니다. 가끔 옆에 남편이 있을 때는 출산 에피소드는 시점이 하나 늘어서 더 재미있어집니다.

"아빠 밥은 안 줘서 밖에 나가서 김밥 먹었다."

유독 자신의 어릴 적 이야기를 듣기 좋아하는 띵가띵가는 생일이 다가오면, 어릴 적 에피소드를 더욱 듣고 싶어합니다. 중학생 아들과 이야기하는 것만으로도 신난 엄마는 출산과 육아 에피소드를 잔뜩 꺼내 놓습니다.

우리 집 인기 에피소드는 동물원 이야기입니다. 동물원이 인간의 이기심으로 만든 동물 학대 장소라는 걸 알지만, 그래도 세상의 모든 것에 호기심이 폭발한 아이와 함께하는 동물원 나들이를 포기할 수 없었습니다. 동물원에서는 작은 키의 아이들에게 잘 보이지 않는 동물을 보여 주려고 아빠의 어깨에 목말을 태워 주는 모습을 흔하게 볼 수 있습니다. 마찬가지로 동물원에 가면 띵가띵가의 관람석은 늘 아빠의 어깨 위였습니다.

그러던 어느 날 띵가띵가가 갑자기 아프다고 울었습니다. 아빠한테 화내면서 자기 다리를 꼬집었다고 합니다. 무슨 일인가 봤더니, 혹시라도 위험할까 싶어서 목말을 태우고는 아이의 다리를 꽉 잡고 다녔는데, 목말을 탄 시간이 길어지자 띵가띵가의 다리에 쥐가 났나 봅니다. 난생처음 다리에 쥐가 난 띵가띵가는 아빠가 자기를 꼬집었다고 했습니다.

사실 이 기억은 정확하지 않은데, 띵가띵가가 말이 늦었기 때문에 꼬집었다고 말했을지도 모르지만, 아무튼 띵가띵가는 아빠가 자신을 아프게 했다며 울었습니다. 그런 상황에서 아빠가 무지 억울해하고 재미있어도 했던 기억이 납니다.

그렇게 동물원을 좋아했던 아들이 조금 더 커서 다섯 살이 될 무렵에는 앤서니 브라운의 『동물원』을 무척 좋아했습니다. 어린 마음에도 동물원의 동물이 불쌍하다는 걸 알았나 봅니다. 어린아이가 보기에는 우울하고 난해한 그림책이라 읽어 주기를 꺼렸는데, 아이는 날마다 잠자리 그림책으로 『동물원』을 꼭 가져와 엄마에게 읽어 달라고 했습니다.

『초록 거북』은 아빠의 초록 등껍질에 올라탄 아기 거북이의 모습이 꼭 아빠 어깨 위에서 목말을 타고 동물원을 구경했던 띵가띵가의 모습과 겹쳐 보이는 그림책입니다. 아빠 거북이의 등 위에 누워 있는 아주 작은 아기 거북이의 평화로운 모습이 십여 년이 지나도 생각나는 띵가띵가와의 동물원 나들이 추억을 떠올리게 합니다. 생각만으로도 마음이 행복해집니다. 『초록 거북』아빠가 초록 아기 거북이를 키우는 모습이 꼭 우리 부부의 모습과 비슷해서 마음이 뭉클합니다.

초록 거북 아빠가 아이에게 숫자와 글자를 가르치는 모습은 초등학교 1학년인 띵가띵가에게 수학 문제를 풀게 할 때와 똑같습니다. 처음 배울 때 개념을 제대로 알아야 한다며 3+□=5와 5-3=□의 답이 같다는 것을 밤 12시 넘게까지 세 시간이나 가르쳤던 서툰 남편의 모습도 생각났습니다.

띵가띵가는 그날을 기억하고 지금도 아빠를 원망하는 말을 합니다. 그런데 그 원망의 말이 이제는 조금 컸다고 "초등 1학년 아이에게 세 시간이나 수학 공부를 시키면 좋은 아빠일까요? 나쁜 아빠일까요?"라며 아빠를 놀리고 협박하는 수단으로 쓰이기도 합니다. 초록 거북 아빠처럼 우리 부부도 많은 시행착오를 했습니다. 아이에게 많은 걸 보여 주고 싶고, 들려주고 싶고, 알려 주고 싶었습니다. 돌이켜 생각해 보면 그게 뭐가 그리 중요했나 싶고 모든 게 서툴렀지만, 다 사랑이었습니다.

『초록 거북』은 아빠 거북과 아기 거북이 '함께하는' 이야기입니다. 책의 앞부분이 날마다 성장해 가는 아기 거북이 주인공이라면, 책의 뒷부분은 더 이상 아기 거북만이 주인공이 아니고 아기 거북과 아빠 거북이 모두가 주인공입니다. 아기 거북은 성장하고 아빠 거북은 아이가 성장하는 만큼 늙어 갑니다.

지금 우리 부부는 『초록 거북』의 전반부만큼 띵가띵가와 함께한 것 같습니다. 이제 띵가띵가는 엄마보다 키가 크고, 아빠와 옷을 같이 입을 만큼 컸습니다. 다리에 쥐가 나는 게 무엇인지도 모르고, 베란다에 내놓은 커다란 냄비 속에 들어가서 신나게 놀던, 비 오는 하늘을 보며 '하늘 쉬'라고 말하던, 번개 파워를 쏴야 해서 토요일 아침 8시 반이면 EBS 채널을 틀어 달라며 엄마 아빠의 달콤한 늦잠을 빼앗은 아기였는데, 이제는 훌쩍 커 버렸습니다.

띵가띵가의 열세 번째 생일날 우리 가족만의 재미난 에피소드를 한참 나누다가 남편에게 "우리 그때 행복했지?"라고 물었습니다. 남편이 무심하게 대답합니다.

"우리 지금도 행복해."

초록 거북이처럼 우리 부부도 나이가 들어 더 이상 띵가띵가의 보호자가 아니라 띵가띵가에게 보호받아야 하는 시기가 올 겁니다. 그때는 띵가띵가가 엄마 아빠와 함께한 추억을 생각하며, 띵가띵가의 '그때' 그리고 '지금'이 행복하면 좋겠습니다.

김나윤은 그림책을 통해 조금씩 나를 발견하고 알아 가는 그림책 벗입니다. 사랑하면 더 알고 싶다는 마음으로 '그림책벗'이라는 이름 아래 인스타와 블로그에서 그림책 서평가로 활동하고 있습니다. 현재는 '책 친구 작은 철학자' 프로젝트를 진행하면서 아이들과 함께 그림책 사이를 읽어 가는 중입니다.

나를 발견하고 알아 가는 - 김나윤

3

"언제든지 돌아올 수 있는
가족이 되어 줄게."

『삐딱이를 찾아라』

김태호 글·정현진 그림 | 비룡소

깊은 숲속에서 조그만 집이 허겁지겁 도망가는 모습이라니 무슨 사연일까요? 두려움에 떨며 도망가는 집의 표정이 그 사연을 더욱 궁금하게 만듭니다.

세상에 가정사 없는 집은 없다고 하던가요? 들키고 싶진 않지만, 누구든 가족에 대한 삐딱한 마음이 한 번쯤은 있었을 거예요. 가족은 서로 언제나 사랑해야 한다는 무의식적인 사회적 통념이 그 삐딱한 마음을 더 불편하게 만들고 죄책감을 만들어 내기도 합니다. 그래서일까요? 가족과 함께하는 그 공간, 바로 집이 싫어지기도 하고, 또 그곳에서 벗어나기만 하면 뭔가 더 나은 세상을 만날 것 같은 상상도 하지요.

표지를 보면 『삐딱이를 찾아라』 속의 삐딱이는 사람이 아닌 바로 '작은 집'입니다. 삐딱이는 가족이 하나둘 늘어나면서 자신도 모르게 창문도, 문도, 지붕도 삐딱해지지요. 아마 식구가 늘어나면서 좁다고 아우성치는 가족이 못내 미웠나 봅니다. 그 미운 감정이 점점 커지면서 사랑스러웠던 가족에 대한 삐딱한 마음만이 남게 되어요. 결국 나를 다시 사랑해 줄 새로운 가족을 만날 희망을 품고 가족을 버리고 도망갑니다. 놀라서 쫓아오는 가족을 뒤로한 채요.

이런 삐딱이를 보고 있자니 어릴 적 철없던 제 모습이 보였어요. 어느 가정이나 부부싸움은 있을 텐데 우리 집만 그런 줄 알았거든요. 저와 동생이 세상에서 가장 불행한 가정에서 태어난 것만 같았습니다. 그래서였을까요? 부모님의 잦은 싸움에 대한 불만이 생겨서 엄마, 아빠, 심지어 죄 없는 동생까지도 삐딱한 마음과 시선으로 바라보게 되었어요. 그 마음이 점점 커져 어떻게든 이 집이라는 공간을 빠져나오면 행복할 줄 알았지요.

　스무 살이 되면 무조건 독립해야지 했지만 생각처럼 쉽지 않았고, 대학 졸업 후 '유학'이라는 명분을 앞세워 꿈꾸어 온 독립을 하게 됩니다. 이제 삐딱한 시선으로 바라볼 대상도 없으니 마음대로 원하는 대로 살면 마냥 좋을 줄 알았는데 그게 아니었어요.

　타지에서 새로운 삶을 시작하면서 설레고 행복한 마음은 생각보다 그리 오래가지 않았어요. 도시에 간 삐딱이를 반기는 사람들이 아무도 없듯이 저 역시 바쁘고 고된 유학 생활 속에서 서로 통하는 사람들을 쉽게 만나기 힘들었어요. 비싼 비용과 바쁜 시간 속에서 서로 이해타산이 맞지 않을 것 같으면 만남을 시도하지 않고, 또 미련 없이 서로를 떠나는 사람들 속에서 홀로 굳건히 터를 잡기에는 힘에 벅찼나 봅니다.

　어느새 정신을 차리고 보니 새 삶에 대한 자신감은 사라지고 마음속에는 오히려 공허함과 외로움이 가득 차 있더군요. 그러면서 가족이 무척 보고 싶어졌습니다. 저의 삐딱한 마음 때문에 깊은 우애를 쌓지 못하며 자란 동생에게 미안했고, 본인의 짠한 인생에 대한 푸념과 함께 늘 저를 걱정하던 잔소리쟁이 엄마도 그리웠어요. 또 표현이 서툴러 항상 오해를 사는 아빠까지 보고 싶더군요.

　그토록 바라던 낯선 타지에서의 혼자만의 생활인데 흠뻑 즐기지는 못할망정 오히려 가족에 대한 애정이 쏟아져 나오다니! 역시 사람은 집을 나와 봐야 가족에 대한 소중함을 안다는 말이 틀린 말은 아닌가 봅니다. 저는 결코 가족을 멀리 두고 살 만큼 깡다구 있는 아이가 아니라는 사실도 알게 되었지요. 타지에서의 허전함과 공허함, 그리고 외로움 속에서 가족에 대한 삐딱한 마음이 어찌나 미안했는지 몰라요. 그림책 속의 삐딱이처럼 말이지요.

  가족이라고 항상 사랑하는 마음만 들 수는 없을 거예요. 때로는 삐딱한 마음이 생겨나 멀어지고 싶은 마음이 드는 일은 어찌 보면 자연스럽지요. 가족이라고 해서 모두 딱 맞는 마음만 있는 것은 아니니까요.

  제가 그런 것처럼 우리 아이들도 엄마, 아빠, 그리고 이 집에 대해 삐딱한 마음이 드는 날이 올 수도 있겠다는 생각이 드네요. 제 가족과 삐딱이의 가족이 우리를 묵묵히 기다려 주고 다시 돌아온 이의 삐딱한 마음을 보듬어 주고 안아 주었듯이, 저 또한 그런 일이 일어나면 다시 돌아올 것이라는 믿음을 가지고 아이들을 기다려야겠다는 생각이 듭니다. 어떠한 상황이라도 여기 이 집은 우리 아이들이 편안히 쉬고 언제든 돌아올 안식처이니까요.

  『삐딱이를 찾아라』는 삐딱이를 비롯한 모든 장면을 종이로 조형물을 만든 다음 사진으로 찍어 구성했어요. 입체적인 표현 때문에 특히 삐딱이의 변화하는 감정들, 속상하고 화난 마음, 두려움, 그리움, 그리고 행복함 등이 생생하게 다가오고 삐딱이가 진짜 사람처럼 느껴진답니다. 그래서 더욱 삐딱이의 가출이 공감되고 감정이입도 잘 되지요. 생생하게 살아 있는 삐딱이의 감정 연출 덕분에 집은 단순히 공간의 역할만 하는 것이 아닐지도 모르겠다는 생각도 듭니다. 집이라는 공간 역시 그 공간에서 사는 가족의 애정과 진심 어린 사랑이 필요하다는 점을 삐딱이가 보여 주니까요.

"우리 아이의 가방 속에는
무엇이 들어 있나요?"

『가방 안에 든 게 뭐야?』

김상근 글·그림 | 한림출판사

책장을 정리하다 반가운 그림책 한 권을 만나게 되었습니다. 바로 『두더지의 걱정』과 『두더지의 소원』으로 유명한 김상근 작가님의 『가방 안에 든 게 뭐야?』입니다. 오랜만에 이 그림책을 보고 있자니 옛 추억이 새록새록 떠오르네요. 사실 이 그림책은 첫째 아들 민우가 돌 이후부터 쭉 보아 온 그림책이에요. 약 4년여 동안 "오늘은 무슨 그림책 읽어 줄까?" 하면 꼭 들고 오는 책이었지요. 그래서 한 장 한 장 모든 페이지가 너덜너덜해졌답니다.

아이가 무척이나 좋아해서일까요? 매일 밤 아이와 깔깔거리고 웃으면서 저 역시 『가방 안에 든 게 뭐야?』 그림책을 사랑하게 되어 버렸네요. 쌓여 가는 책들이 많아져 정리할 수밖에 없는 책들이 생겨나지만, 저에게 이 그림책은 결코 버릴 수 없는, 그런 보물이 된 것 같습니다.

『가방 안에 든 게 뭐야?』의 표지를 보면 치마를 두른 개구리 한 마리가 커다란 빨간 가방을 메고 어디론가 황급히 가는 모습이 보입니다. 개구리는 메마른 땅의 작은 웅덩이를 보고 "큰일 났다!" 하면서 크고 빨간 가방에 무언가를 담아 서둘러 어딘가로 갑니다. 그 모습을 본 동물 친구들, 다람쥐, 토끼, 원숭이, 곰이 그 가방에 뭐가 들었는지 너무나 궁금해해요. '혹시 내가 좋아하는 그 무언가가 들어 있지 않을까?' 하는 생각과 함께 말이지요. '저 빨간 가방에 도토리, 홍당무, 바나나, 혹은 연어가 들어 있지는 않을까?' 하는 부푼 기대감과 호기심은 어디론가 서둘러 가는 개구리를 허겁지겁 쫓아가게 만들어요. 정확히 무엇이 들어 있는지도 모르지만 "나도 줘! 나도 줘!" 하고 외치면서 말이지요. 대체 그 빨간 가방에는 뭐가 들어 있을까요?

　다시 그림책을 보고 있자니 매일 밤 이불 속에서 아이와 함께 "이 가방에 뭐가 들었을까?" "민우는 이 가방에 뭐가 들어 있으면 좋겠어?" "여긴 어디지?" "어? 개구리하고 동물 친구들이 어디로 온 거야?" "왜 여기로 왔을까?" 등 그림책을 통해 아이와 함께 재잘재잘 이야기하며 지냈던 즐겁고 소중한 추억들이 떠오르네요. 하도 많이 보았기 때문에 그림책 내용을 다 외웠을 것 같은데, 아이는 언제나 "엄마! 다시 읽어 줘! 다시 읽어 줘!" 하고 외쳤답니다. 아마도 신나게 동물들 흉내를 내며 읽어 주는 엄마의 모습이 아이가 들을 때도 재미있었기 때문이 아닐까 자화자찬해 봅니다.

　그런데 신기하게도 저 역시 이 그림책만큼은 읽어도 읽어도 질리지 않았어요. 짧은 문장들로 이루어진 점도 이유겠지만, 더 큰 이유는 김상근 작가님 특유의 부드럽고 따뜻한 그림들을 계속 보고 싶었기 때문이에요. 세심한 펜 터치와 따뜻한 채색은 보고만 있어도 눈과 마음이 정화되고 심신이 저절로 편안해졌어요. '아! 우리 아이의 동심이란 이런 것이구나!'라고 느껴졌고요. 빨간 가방에 대한 호기심으로 개구리를 쫓아가는 순수한 동물 친구들의 모습에서 궁금할 때면 눈이 더 반짝거리는 우리 아이들의 모습이 겹쳐 보이곤 했거든요.

　민우가 어릴 적에 그림책 『가방 안에 든 게 뭐야?』를 정말 많이 봐서 그런 걸까요? 유치원에 다니면서 자신만의 가방을 가지게 된 아이는 그 속에 무언가를 잔뜩 담기 시작했습니다. 대부분은 이런저런 낙서로 뒤범벅된 종이 쪼가리가 많아요. 이따금 요구르트 통, 상자, 우유팩 등으로 만든 자기 작품도 담아 오긴 하지만요. 이러나저러나 엄마 눈에는 죄다 휴지통으로 가야 할 것 같은데 아이는 그 모든 것을 무슨 소중한 보물인 양 애지중지합니다. 절대 버리면 안 된다면서요.

하지만 쌓여만 가는 이것들을 대체 어디에다 둔답니까? 방은 좁아도 좁고, 넓어도 좁은 거 아니겠어요? 솔직히 엄마 눈에는 정리해야 할 대상으로 보이는 이것들을 아이 몰래 버리느라 곤욕을 좀 치렀어요. 잊어버린 줄 알고 몰래 버렸는데 나중에 찾다가 우는 아이에게 미안하다고 사과하면서요.

결국 저는 아이와 합의했습니다. 날마다 가방에 담긴 수많은 작품 중 몇 개는 보관하고 나머지는 버리기로 했지요. 쌓여 가는 보관 작품도 어느 순간에는 사진으로 남기고 안녕, 마지막 인사를 하자고요. 사진으로 남겨 영원히 볼 수 있다는 말에 아이도 어느 정도 수긍하더라고요.

계속해서 가방에 무언가를 담아 오는 아이 덕에 이제는 저 역시 오늘은 또 무엇이 들어 있을까 궁금해집니다. '오늘은 우리 민우 가방 안에 무엇이 들었을까?' 기대하며 아이의 가방을 열어 봅니다. 이제는 그 수많은 끄적거림 중에서 우리 아이만의 성격과 변화하는 마음이 느껴지는 그림을 발견하는 날이면 저절로 미소 짓게 됩니다. 그런 날은 그 작품을 아이 방이나 거실 벽 한쪽에 붙여 주어요. '오늘 하루도 민우가 즐겁게 보냈구나.' '요즘은 미세먼지 상태를 나타내는 기호에 관심이 많네? 관련된 그림책을 좀 찾아봐야겠다.' '피카소 전시회를 다녀오더니 그림체가 살짝 바뀌었네?' '오늘은 돈에 대해서 배웠구나.' 등을 느끼면서요. 이제는 저도 아이 가방 속에서 아이의 관심과 성장을 찾는 재미를 찾은 것 같아요.

  작은 호기심에도 큰 기쁨을 가지고 개구리의 가방을 뒤쫓는 동물 친구처럼 우리 아이들도 자신만의 즐거움을 찾아 차곡차곡 가방에 담는 아이가 되었으면 하는 바람입니다. 지금처럼요. 개구리가 빨간 가방을 가지고 자기 삶에 딱 맞는 장소를 찾았듯이 우리 아이들도 스스로에게 딱 맞는 삶을 재미나게 찾아갔으면 좋겠어요. 오늘 우리 민우는 또 어떤 즐거움을 느꼈을까요? 오늘도 역시 아이의 소소한 관심과 재미를 엿보는, 가방을 열어 볼 시간이 기다려집니다.

"윤서우는 윤서우"

『민들레는 민들레』

김장성 글·오현경 그림 | 이야기꽃

『민들레는 민들레』는 정말 유명한 그림책이지요. 그런데 사실 『민들레는 민들레』를 처음 보았을 때는 왜 유명한지 잘 몰랐습니다. 여기저기 피어 있는 민들레, 그때는 그저 '아~ 그렇구나!'라고 생각했을 뿐이지요. 그래도 민우는 뭐가 그리 좋았는지 계속해서 『민들레는 민들레』를 읽어 달라고 가져오더군요. 그때까지만 해도 『민들레는 민들레』를 아이에게 읽어 주기 쉬운 책으로 단순하게 생각했습니다. 그런데 둘째 딸 서우가 태어난 후, 그림책 『민들레는 민들레』가 전혀 다른 의미로 다가오더군요.

서우는 길을 거닐다 민들레만 봤다 하면 죄다 꺾어 오는 아이랍니다. 항상 "엄마, 내 선물이야."라고 말하면서요. 그러고 보니 우리 동네에 여기저기 들꽃처럼 피어 있는 민들레가 정말 눈에 많이 띄더군요. 가로수 나무 밑에 피어 있는 민들레, 화단 돌 틈 사이로 숨어 피어 있는 민들레, 심지어 하수구 안쪽에도 피어 있는 민들레까지 아이는 정말 잘 찾아냅니다. 화단도 아닌 이곳저곳에서 이렇게 많은 민들레가 피어 있는지 예전에는 잘 알지 못했어요. 순간 제가 얼마나 주변에 관심 없이 살아온 건지 참 부끄럽기만 하더군요.

"엄마! 난 민들레 꽃이 제일 좋아!"

민들레 꽃이 제일 좋다는 아이를 보니 한동안 보지 않았던 『민들레는 민들레』가 바로 생각났습니다. 그래서 책장 구석에 숨어 있던 그림책을 다시 찾아 서우에게 읽어 주는데 기분이 참 묘하더군요. 예전에는 그저 읽어 주기 쉬운 그림책 중 하나에 불과했는데 뭔가 다르게 다가왔어요. 아이가 민들레가 좋다고 말해서

그런 걸까요? 아니면 그림책을 읽으며 민들레가 꼭 우리 서우 같다는 느낌을 받아서일까요?

실제로 서우는 야무진 아이입니다. 주변에서도 야무지다는 이야기를 많이 들었어요. 돌이 얼마 지나지 않아 말문도 바로 트여 우리 가족을 깜짝 놀라게 했는데, 킥보드며, 자전거 타기, 스스로 씻고 옷 입기 등 모든 면에서 오빠보다 빨랐거든요. 둘째라서 그런가 보다 싶기도 하지만, 아이를 보고 있자면 정말 어딜 내놔도

쉽게 주눅 들지 않고 당당한 삶을 살 것 같다는 느낌이 들곤 합니다. 그런 아이가 민들레를 좋아한다고 하니 왠지 이 아이 자체가 민들레 같다는 생각이 확 들었답니다.

    민들레는 민들레
    여기서도 민들레
    저기서도 민들레

여기서도, 저기서도, 혼자여도, 둘이어도, 언제나 어느 상황에서나 우리 윤서우는 윤서우답게 살아갈 것 같다는 느낌이 들어서일까요? 저는 이제야 『민들레는 민들레』 그림책에서 표현하는 의미를 이해한 것 같아요. 그림책 앞쪽 면지에 왜 아이들의 얼굴을 다양하게 그려 놓았는지 이제야 알 것 같습니다.

우리는 화단에 일렬로 심은 아이들이 아닙니다. 그냥 각기 다른 곳에서 태어났을 뿐이지요. 어떤 이는 따뜻한 환경에서 태어나기도 하고, 또 어떤 이는 추운 환경에서 태어나기도 합니다. 비록 태어난 곳은 우리가 선택할 수 없지만, 내 생명, 내 존재를 지키는 것은 바로 나 자신이라는 생각이 들더군요. 척박한 환경에서 씨앗을 품은 민들레 역시 꿋꿋하게 자기 고유의 생명을 지켜내는 것처럼요.

몇 달 전, '팜월드'라는 곳에 아이들과 놀러간 적이 있습니다. 거기에 핀 민들레를 보고 얼마나 놀랐는지 몰라요. 이제껏 아이와 함께 본 민들레 중에서 가장 크고 훤칠했거든요. 거짓말 조금 보태서 어른 주먹만 한 민들레 꽃이 피어 있었어요. 아마도 그곳은 사람의 손길이 닿지 않는 곳으로, 민들레 입장에서는 자신의 생명을 지키기에 가장 좋은 환경이 아닌가 싶더라고요. 자연스레 우리 동네의 민들레가 생각났습니다. 그 민들레도 이곳에서 피어났다면 이리 크고 활짝 자랄 수 있을 텐데….

함께 주먹만 한 민들레를 보고 난 후 또다시 동네에 핀 민들레를 꺾어 저에게 건네주는 서우에게 말했습니다.

"서우가 엄마를 생각하는 마음으로 가장 좋아하는 민들레를 선물해 줘서 정말 고마워. 하지만 우리 이 민들레도 팜월드에 핀 민들레처럼 마음껏 자라도록 우리가 지켜 주자. 응?"

이제 서우는 길을 가다가 민들레를 보고 말합니다.

"엄마! 여기 민들레 있다! 여기서도 피었네! 안녕, 민들레야! 잘 크렴. 또 보러 올게."

그런 아이를 보며 생각에 잠깁니다. 제가 엄마인 환경에서 태어난 우리 아이들…. 이 아이들이 자신의 존재를 지키며 꽃피우도록 '나'의 존재, '나'라는 환경을 꿋꿋하게 지켜내야겠다고요.

"육아는 너와 나의 동반 성장"

『닭들이 이상해』

브루스 맥밀란 글·귀넬라 그림 | 최윤정 옮김 | 바람의아이들

저는 그림책의 세계를 아이 덕분에 알게 되었습니다. 부끄럽지만 아이를 낳기 전까지는 그림책은 물론이고 일반 책도 많이 보지 못했어요. 뭐가 그리 바쁘게 살았는지 책 한 권 읽기가 쉽지 않더군요. 출퇴근 시간에 짬짬이 웹툰을 볼 때만 독자가 아니었나 하는 생각이 드네요.

책을 다시 손에 들게 된 것은 아이를 낳은 후부터입니다. 저같이 완벽하지 않은 존재가 어떻게 한 아이를 사람다운 사람으로 키워야 할지 막막했거든요. 그래서 육아 관련 책부터 시작해서 인문학 책까지 손에 닿는 대로 마구마구 읽었어요. 그런데 신기하게도 아이와 함께 읽는 그림책이 어른인 저의 마음까지 요동치게 만든다는 걸 알고 깜짝 놀랐습니다. 분명 아이를 위해 읽어 주는 그림책인데, 오히려 엄마인 저에게 말을 거는 것 같았어요.

그림책 『닭들이 이상해』 역시 많은 생각을 던져 준 그림책입니다. 닭이면 닭이지 뭐가 그리 이상한 걸까요? 표지를 보니 사랑스러운 눈빛으로 닭 세 마리를 쳐다보는 푸근한 인상의 아주머니가 보이네요. 그 옆 세 마리의 닭들은 멀뚱히 독자들을 쳐다보고 있습니다. 그 표정을 가만히 보고 있자니 웃음이 나와요. 왠지 우리 아이들이 신기한 무언가를 쳐다볼 때의 눈빛과 비슷하거든요. '이거 뭐지?' '당신은 누구세요?'라고 묻는 것 같아요.

『닭들이 이상해』는 머나먼 아이슬란드 땅끝 어느 시골 마을을 배경으로 한 이야기입니다. 아이슬란드 아주머니들이 달걀을 손쉽게 얻고자 시내에서 닭들을 사 오면서 사건은 시작합니다. 요리에 사용할 달걀을 많이 얻을 수 있으니 아주머니들은 한동안 행복했지요.

그런데 닭들이 어느 순간부터 이상해졌어요. 아직 아주머니들은 눈치를 못 챘지만요. 자기네들이 닭이라는 사실을 잊어버렸는지 알은 낳지 않고 어느 순간부터 동네 아주머니들만 따라 하기 시작했거든요. 아주머니들이 소풍 갈 때도, 블루베리 따러 갈 때도 따라가고, 심지어 노래를 부를 때도 노래를 따라 부르기 시작한 겁니다. 본인이 닭이라는 사실을 까맣게 잊어버린 채 아이처럼 졸졸 아주머니들을 따라다니는 거예요. 과연 아주머니들은 어떻게 이 문제를 해결해 나갈까요?

아이슬란드 아주머니들이 어디를 가든, 무엇을 하든, 뭐든지 따라 하는 닭들의 모습이 꼭 우리 아이들 같습니다. 아이들도 엄마를 졸졸 쫓아다니며 엄마와 함께 놀고 싶어 주변을 뱅뱅 맴돌잖아요. 솔직히 아무리 배 아파 낳은 자식이라도 귀찮을 때가 종종 있습니다. 좀 혼자 놀면 안 되나 하는 마음이 들거든요. 어떤 때는 그 '엄마'라는 단어를 하루쯤 아예 안 듣고 싶은 날도 있어요. 국어사전에서 삭제하고 싶을 만큼요.

그런데 희한하게도『닭들이 이상해』속의 아주머니들은 참 싫은 티도 안 냅니다. 쫓아다니는 닭들 때문에 차 한잔도 여유롭게 못 마시는데 말이지요. 닭들이 뭔가 이상하다는 것 역시 나중에서야 알아챘어요. 그런 아주머니들을 지켜보며 정말 대단한 느낌이 들었지요.

저도 두 아이의 엄마입니다. 첫째 아이가 아홉 살, 둘째 아이가 일곱 살이에요. 말이 두 살 터울이지 개월 수로 따지면 16개월 차이라 거의 연년생처럼 키웁니다. 저를 졸졸 따라다니는 닭 두 마리를 키우는 셈이지요. 아침에 눈뜨면서부터 잘 때까지 한시도 저를 가만 놔두지 않습니다. 다행히 이제는 좀 컸다고 화장실까지는 따라오지 않네요. 이렇게 조금씩 사람이 되어 가는 중이지만, 여전히 혼자 있는 시간을 제공해 주지는 않아요.

아이들의 얼굴만 보면 정말 내가 낳은 새끼들이 맞나 싶을 정도로 예쁘기는 한데, 무척이나 버거울 때도 많고 어렵습니다. 정답이 없기에 더욱 그런 것 같아요. 게다가 나만의 양육 가치관을 만들어 나가고 그것을 실천하며 지켜내는 일이 결코 만만치 않았어요. 이상 육아와 현실 육아는 정말 다릅니다. 매번 예상할 수 없는 사건들이 빵빵 터지니까요. 또 힘든 시기를 잘 넘겼다고 생각하고 한숨 내려놓으면 어느새 또 다른 숙제가 앞에 놓여 있습니다. 정말 울고 싶은 적도 한두 번이 아니었어요.

이런 저에게 그림책 『닭들이 이상해』가 말을 겁니다.

"너희들은 새라는 걸 잊지 마."

아주머니들이 닭들에게 하는 말이 왜 제게 하는 말처럼 들리는 걸까요? 윤민우는 윤민우라는 것을, 윤서우는 윤서우라는 것을 잊지 않도록, 아이의 존재 이유를 스스로 찾을 수 있게 도와주는 일이야말로 최선의 양육이라는 말처럼 들렸거든요. 그러면서 동시에 김나윤은 김나윤이라는 것 또한 잊지 않도록 노력해야 할 것 같습니다. 내 존재 또한 지켜내면서 아이들과 함께 공존하며 살아가는 것이야말로 현명한 삶이 아닐까 하는 생각이 들거든요.

그러고 보니 결혼할 당시 남편이 한 말이 갑자기 떠오릅니다.

"나는 자기가 우리 엄마처럼 전업주부로는 살지 않았으면 좋겠어. 이때까지 공부하고 일해 오며 쌓은 커리어가 너무 아깝잖아."

그때 저는 이 남자 뭐지? 말이라도 '내가 먹여 살릴게.' 하면 안 되나? 나도 문화센터와 카페를 다니며 편안히 살고 싶다는 말을 진심 섞인 농담으로라도 전달하고 싶었어요. 그런데 지금은 그 말의 의미를 조금은 알 것 같습니다. 남편은 제가 누구의 아내, 며느리, 엄마로서 사는 것 역시 중요하지만, 자신 스스로의 가치 역시 결혼 전과 마찬가지로 유지해 주기를 바랐던 것 같아요.

내게 없는 것을 아이들에게 전달할 수 있을까요? 부모이지만 스스로의 인생과 존재에 대해 끊임없이 고민하고 성실하게 살아간다면, 당연히 아이들은 그 영향을 받을 수밖에 없지 않을까 하는 생각이 듭니다. 아이들을 사랑하는 만큼 내 인생도 사랑해야겠어요. 가장 최고의 육아는 너와 나의 동반 성장이라는 사실을 오늘도 그림책을 보며 곱씹어 봅니다.

"풀친구는
우리의 친구이기도 합니다."

『풀친구』

사이다 글·그림 | 웅진주니어

어느 날 두 아이와 함께 길을 걷다가 아파트 단지 내 수목을 가지치기하는 장면을 보게 되었어요. 아이들은 의아해하더군요.

"엄마, 우리가 나무 만지거나 꽃 만지려고 하면 경비 아저씨들이 손대지 마라, 꺾지 마라 하는데 왜 아저씨들은 나무를 잘라?"

그러자 바로 가지치기하던 아저씨 한 분께서 대답해 주시더군요.

"예뻐 보이라고 삐쭉삐쭉 나온 가지를 자르는 거다."

순간 전 오묘한 감정이 들었습니다. 아이들의 지나가는 질문에 애써 대답해 주신 아저씨가 감사하기는 한데, 주신 대답이 과연 지금 자라나는 아이들에게 해줄 적합한 답일까 하는 생각이 들었거든요. 물론 아저씨의 말씀이 틀린 얘기는 아니지요. 하지만 불현듯 그 생각과 행위 자체가 너무 인간 중심적인 사고는 아닌가 하는 의문이 들었습니다.

아저씨의 대답에 수긍하는 아이들을 보며, 앞으로 이런 비슷한 상황을 또다시 겪게 되면 어떻게 현명한 대답을 해야 할지 한동안 고민이었습니다. 그러던 어느 날, 사이다 작가의 그림책『풀친구』가 손 위에 놓여 있더군요.

'풀' 하면 어떤 풀이 떠오르나요? 저는 제일 먼저 '잔디'가 생각납니다. 이름 모를 온갖 잡초도 생각나고요.

『풀친구』의 주인공도 잔디예요. 그리고 그 잔디에게 민들레, 애기똥풀, 토끼풀, 질경이, 망초 등 여러 친구가 여기저기에서 모여들지요. 함께 있는 그곳에서는 모두가 행복해 보입니다. 강아지도, 고양이도, 그리고 나비도요. 기분 좋은 바람이며 간간이 생기는 맛난 간식까지, 잔디와 친구들은 모두 행복합니다.

그런데 잔디에게는 또 다른 친구가 있는 모양입니다. 항상 같이 노는 친구는 아닌 것 같아요. 어쩌다 한 번, 머리부터 발끝까지 분홍색 옷을 뒤집어쓰고 잔디와 친구들을 찾아오거든요. 그런데 정말 이상한 건, 그 친구만 왔다 가면 잔디의 머리 모양은 모두 똑같아지고 다른 친구들은 모두 사라져 버린다는 점입니다. 잔디와 함께 놀던 친구들은 모두 어디로 사라진 걸까요? 그 분홍색 옷을 입은 친구는 잔디의 친구가 맞는 걸까요? 잔디가 있는 곳은 과연 어디일까요?

처음 『풀친구』 그림책을 서우와 함께 보는데 '또 다른 친구'를 보자마자 아이가 외치더군요.

"엄마! 얘는 친구 아니야. 나쁜 아이야!"

'어라? 아직 글도 다 안 읽어 주었는데? 뒤에 어떤 일이 벌어지는지 아직 모를 텐데?'

하지만 아이도 본능적으로 알았나 봅니다. 잔디에게 감정이입이 푹 되었는지 "이 친구는 나쁜 친구야!" "이 나쁜 친구가 주는 주스는 주스가 아니라 독이야!"라고 소리치더군요.

그런 아이를 보고 있자니 제가 가진 고민에 대해 굳이 애써 답을 주지 않아도 되겠구나, 그런 안도감이 들었습니다. 살아가면서 겪을 다양한 경험과 책들 사이에서 어쩌면 아이 스스로 문제를 의식하고 그 답을 알아 갈 수도 있겠다는 생각이 들었어요.

아이들이 친구들과 자주 들르는 곳이 있습니다. 그곳은 가까운 아파트 단지 뒤쪽 잔디 공터입니다. 우리는 그곳을 등나무 교실이라고 불러요. 잔디밭에는 각종 나무와 이름 모를 풀꽃들이 무성해요. 그중 제가 아는 풀이라곤 강아지풀과 토끼풀, 민들레, 그리고 울릉국화 정도밖에 없는 것 같아요. 그곳에서 아이들은 강아지처럼 풀 속을 뛰어다니며 놉니다. 놀다가 들꽃과 풀로 목걸이, 반지, 그리고 마법 빗자루를 만들기도 하고 풀과 나무 속에 숨은 사마귀, 방아깨비, 귀뚜라미, 개미, 매미 따위를 잡았다가 놓아 주곤 하면서 마음껏 그곳을 즐깁니다.

누군가에게는 공터로 보일 등나무 교실이 제 눈에는 아파트 단지 내 마련된 작은 자연 생태 공간처럼 느껴지더군요. 마치 그린벨트 지역처럼요. 규모는 작지만, 인간의 손길이 덜 닿은 자연 공간이 있음에 감사했답니다. 그곳에서 흠뻑 즐기고 느끼는 아이들의 얼굴을 보니 문득 존경하는 최재천 교수님의 말씀이 생각났습니다.

"우리는 자연과 함께 놀았던 경험만큼 자연을 대하는 태도가 달라질 수 있습니다."

할머니, 할아버지께서 자연과 함께 놀았던 경험은 부모님 세대의 경험과는 다를 것이고, 우리는 또 부모님 세대의 경험과는 다릅니다. 그리고 우리 아이들 역시 그 경험의 폭이 우리 세대와는 다른 것 같아요.

아쉽지만 자연을 즐기고 누릴 수 있는 경험치와 깊이가 점점 줄어드는 것만 같습니다. 그런 생각을 하자니 조금 무서워집니다. 이렇게 줄어드는 자연 경험이 과연 어떤 결과를 가져오게 될지요. 어쩌면 지금 우리가 흔히 보는 매미나 개미를 곤충박물관에서만 보게 될지도 모르겠어요. 지금은 흔하게 볼 수 있는 곤충들을 공룡처럼 책이나 박물관에서만 보는 시대가 올지도 모른다는 생각은 너무 지나친 우려일까요?

 수목 가지치기 사건 이후 마음속에 품었던 고민이 우연히 그림책 『풀친구』를 만나 어느 정도 해소되어 다행입니다. '사이다 작가님도 나와 비슷한 고민을 하셨구나.'라고 생각하니 반갑기도 했고요. 아파트 단지 내 가지치기와 잔디 깎기는 우리가 생활하고 즐기는 데 필요한 작업일 수 있겠지요. 하지만 그 행위가 오로지 인간의 삶을 위해 꼭 당연한 것은 아니라는 점을 우리 아이들도 『풀친구』를 통해 조금이라도 느꼈기를 바랍니다.

"하루하루 즐거운
추억을 만들다."

『바다와 하늘이 만나다』
테리 펜, 에릭 펜 글·그림 | 이순영 옮김 | 북극곰

가족과 함께 조선해양문화관을 방문한 적이 있습니다. 한 바퀴 쭉 둘러보고 잠시 혼자만 휴식 공간에서 쉬고 있는데 시선을 사로잡는 그림책 한 권이 보이더군요. 바다인지 하늘인지 알 수 없는 몽환적인 표지 그림 때문이었을까요? 제가 앉은 의자와 그림책이 놓인 책장의 거리가 꽤 멀었는데도 눈길을 확 붙들더군요. 좀 더 자세히 보고 싶어 그림책을 자리로 가져올 수밖에 없었지요. 그러고는 한참 동안 그림책 표지를 바라보았답니다.

'와! 그림 정말 환상적이다. 이런 세계가 있으면 얼마나 좋을까? 정말로 있다면 꼭 가 보고 싶다.'

이렇게 혼자 그림책 표지에 심취했는데 어느새 남편과 아이들이 곁으로 다가와 힘들다며 이제 빨리 나가자고 아우성이었습니다. "잠깐만, 이 그림책 한번 보고 싶은데…."라는 말도 못 꺼내고 아쉬움을 뒤로한 채 허겁지겁 자리를 뜰 수밖에 없었어요. 여행이 끝나고 정신없이 반복되는 일상 속에서 표지만 본 그 그림책은 기억 속에서 사라진 듯했습니다.

그러고 나서 1년 후 아이들과 그림책 책방에 갔습니다. 저는 종종 아이들과 동네 서점이나 그림책방을 가는데요. 그곳에서 아이들이 직접 책을 고를 기회를 얻고, 바로 그 자리에서 선물받는 경험을 많이 하면 좋겠다 싶어서입니다. 엄마가 골라 주는 그림책만 읽는 게 아니라 본인이 그림책을 직접 골라서 읽는 경험이 많아진다면, 아이도 그림책에 더 많이 관심을 가지고 사랑하게 되지 않을까 하는 기대도 숨어 있지요.

그런데 그날 민우가 골라 온 그림책을 보고 얼마나 반가웠는

호는 황금 물고기를 따라 도서관 섬으로 갔어요.
거기에는 책을 좋아하는 새들이 아주 많이 모여 있었지요.

지 모릅니다. 바로 조선해양문화관에서 강렬하게 끌렸던 그림책, 표지에 심취해서 정작 내용은 보지 못해 아쉬웠던 『바다와 하늘이 만나다』였거든요.

"어머! 이 그림책, 엄마가 정말 보고 싶은 그림책이었는데! 우리 민우도 보고 싶은 거야?"

"응, 나 이거 살래."

책과 독자 사이에도 인연이 있나 봅니다. 『바다와 하늘이 만나다』 그림책이 이렇게 다시 찾아와 주었으니 말입니다.

　이 그림책은 '호'라는 아이가 돌아가신 할아버지를 그리워하며 아이만의 방식으로 이별을 받아들이는 과정을 그린 이야기입니다. 바다를 바라보며 할아버지가 그리워진 호는 배를 만들기 시작합니다. 그러고는 곧 모험을 떠나게 되지요. 할아버지가 말씀하신 '바다와 하늘이 만나는 곳'을 향해서 말이지요. 하지만 깜깜한 밤이 찾아오자 호는 할아버지가 곁에 없어 혼자라는 생각에 그 좋았던 바다가 외롭다고 느낍니다. 그때 아주 크고 수염이 달린 황금 물고기가 호에게 찬찬히 다가오며 둘의 모험이 시작합니다.

　아마도 호의 할아버지는 호와 함께 배도 만들고, 그림책도 많이 읽으면서 상상 속 이야기를 많이 해주신 모양입니다. 호와 황금 물고기가 들르는 장소는 모두 할아버지와 함께 나눈 이야기 속에 나오는 곳일 거라는 생각이 드니까요.

　그림책을 좋아하는 제가 가장 마음에 든 장소는 바로 도서관 섬이었어요. 많은 이야기책과 책을 좋아하는 새들로 가득 찬 섬을 보고 있자니 다시 한번 호의 할아버지가 참 대단하신 분이겠다 싶더군요. 이 많은 책은 호와 함께 읽었거나, 아니면 함께 읽고 싶은 책들이 아니었을까 하는 생각이 들었거든요.

　살짝 샛길로 빠지면, 실제로『바다와 하늘이 만나다』작가인 테리 펜과 에릭 펜은 형제이고, 할아버지와 아버지에게 아주 많은 상상 속 이야기를 듣고 책을 함께 즐겨 읽으면서 자랐다고 합니다. 아마도『바다와 하늘이 만나다』의 주인공 호는 바로 펜 형제, 그들 자신이 아닐까 싶었어요.

　모험의 시작이 있다면 끝도 있겠지요. 호에게는 돌아가야 할 집이 있어요. 할아버지가 그리워서 슬펐던 호는 황금 물고기와의 이별을 어떻게 받아들였을까요? 또 황금 물고기는 누구를 의미한 걸까요?

　저는 아직 누군가와 이별을 해 본 적이 없습니다. 정확히 말해 주변에서 먼저 이 세상을 떠난 분이 아직까지는 없어요. 솔직히 죽음이 영원한 이별이라는 말뜻을 아직은 잘 모르겠습니다. 하지만 결혼을 하고 난 후 더더욱 엄마의 소중함이 절실히 느껴집니다. 엄마가 없는 삶은 정말 상상조차 할 수 없을 것 같아요. 만약 그런 일이 발생한다면 과연 '나는 잘 살 수 있을까?' 하는 의문이 들거든요. 정말이지 이렇게 건강히 옆에 계시는 것만으로도 무척 감사하지요. 하지만 시간이 흐르고 흐르면 누구나 그러하듯이 저 역시 엄마와 이별해야 할 순간이 올 것을 압니다.

서우가 다섯 살 때쯤이었을까요? 자기 전 침대에 누워 뒹굴뒹굴 놀고 있는데 이런 말을 하더군요.

"엄마, 난 우리 반 승호랑 결혼할 거야. 함께 결혼하기로 약속했어."

"서우는 엄마랑 안 살고 승호랑 결혼할 거야?"

"엄마는 나이들고 언젠가 죽을 거잖아. 그럼 난 누구랑 살아? 혼자 살긴 싫어."

고작 다섯 살 아이의 입에서 나온 소리라 참 황당하고 재미있는데, 다른 한편으로는 그 누구보다도 앞으로 맞닥뜨리게 될 사실을 순수하고 정확하게 이야기한다는 생각이 들었습니다.

친정엄마가 곁에 없으실 때 엄마를 떠올릴 즐거운 추억이 많으면 좋겠습니다. 아이들에게도 제가 없을 때 저를 떠올릴 행복한 추억이 많으면 좋겠다는 생각이 드네요. 그러니까 오늘도 우리 가족, 친구들과 함께 즐겁게 지낼 겁니다. 바로 호와 할아버지처럼요.

"네가 잠든 사이에…"

『잠잠깨비』
이연실 글·그림 | 김향수 빛그림 | 반달

요새 아이들을 보면 하루가 멀다 하고 쑥쑥 크는 느낌입니다. 뭐랄까, 하룻밤 자고 일어나면 키가 좀 더 커진 느낌, 어제 입은 옷이 오늘은 뭔가 작아 보이는 듯한 느낌이 들거든요. 그러다 보니 저도 모르게 종종 이런 마음이 듭니다.

'아! 한 달 전에 산 저 신발… 얼마 못 신겠구나! 흐엉흐엉….'

이런 엄마의 마음을 아는지 모르는지 하룻밤 사이 커 가는 아이들은 일어나자마자 눈을 비비며 말해요.

"엄마… 다리가 좀 아파. 아무래도 어제 저녁에 '잠잠깨비'가 다녀갔나 봐!"

잠잠깨비, 정말 귀여운 이름 아닌가요? 잠잠깨비를 알기 전에 아이들은 아침에 일어나 온몸이 쑤실 때면 여기저기 아프다고 난리치고 칭얼거리기 바빴습니다. 그러면 제 두 손은 아이들 눕혀 놓고 마사지해 주느라 정신이 없었지요. 바쁜 아침 시간을 쪼개어 쑥쑥 커 가는 두 아이를 번갈아 마사지하는 일은 결코 쉽지 않았어요. 기분 좋게 일어나라는 뜻으로 시작한 아침 서비스였지만 어느 순간부터는 손목이 아프더라고요. 그러던 어느 날 책장 어딘가에 숨어 있던 『잠잠깨비』를 발견하고 '유레카!'를 외쳤답니다.

"오늘 저녁에 당장 읽어 줘야지!"

형광빛이 나는 주황색 바탕의 『잠잠깨비』 표지에 사진 하나가 보입니다. 사진 속에는 세 친구가 신발 수레에 많은 짐을 싣고 어디론가 가고 있어요. 그 세 친구가 바로 잠잠깨비, 당당깨비, 그리고 쑥쑥깨비입니다. 깨비들은 어디로 향하는 걸까요?

사실 깨비들은 누군가의 새근새근 잠든 신호를 듣고 길을 떠나는 것이에요. 꿀잠 꽃밭, 드르렁 개울, 소록소록 버섯 숲길을 지나 베개산 깊은 잠 동굴 끝까지 가야 하지요. 먼 길이지만 깨비들은 즐거운 마음으로 사이좋게 짐을 나누어 들고 서로를 도우며 목적지에 도착합니다. 그곳에는 한 아이가 세상 모르게 잠을 자고 있네요.

'도로롱, 도로롱, 새근새근, 쿨쿨.'

깨비들은 아이가 깨지 않도록 조심조심 아이에게 다가갑니다. 과연 깨비들은 아이에게 무엇을 하려는 걸까요? 아마도 센스 있는 독자들은 잠잠깨비, 당당깨비, 쑥쑥깨비 이름에서 이미 힌트를 얻었을 거예요.

어떻게 이런 생각을 했을까요? 아이들이 일어나 무릎 아프다, 팔 아프다 할 때면 으레 하는 말로 "우리 민우, 서우가 다 크려고 그러는 거야."라는 말밖에 못했거든요. 제가 생각해도 참 재미없는 엄마의 말입니다. 아프다는 아이들의 마음도 그다지 잘 받아준 것 같지 않고요. 아이들 입장에서는 쉽게 납득할 수 없는 정말 단조롭고 밋밋한 엄마의 반응이라고 여겼을 거예요.

『잠잠깨비』를 보고 난 후에는 이렇게 말합니다. "아우, 우리 민우, 서우 크라고 잠잠깨비가 와서 정말 열심히 마사지해 주었나 보다."라고요. 그림책의 주인공을 소환하니 아이들뿐만이 아니라 저도 아이들과의 대화에 재미를 느끼기 시작했어요. 엄마의 기대에 부응하듯 아이들은 찡얼거림을 딱 멈추고 물어봅니다.

"언제 왔어? 엄마는 깨비들이 온 거 봤어?"부터 시작해서 "정말 『잠잠깨비』 그림책 속의 깨비들과 똑같이 생겼어? 어디 문으로 왔어? 엄마랑 무슨 이야기를 했어?" 등 깨비들에 대한 호기심을 멈추지 않습니다. 그러면 굳어진 상상력을 총동원하여 나름대로 꾸민 말도 안 되는 이야기를 해주지요. 그렇게 재미있게 상상의 나래를 함께 펼치면서 아침을 먹고 나면 아이들 기분이 한결 나아 보였어요. 온몸이 쑤시고 아픈 느낌도 어느새 사라진 것 같더라고요. 언제 찡얼거렸냐는 듯 기분 좋게 집을 나서거든요.

그러고 보니 저의 잠잠깨비는 친정엄마가 아닌가 싶습니다. 성인이 된 후에도 엄마랑 함께 잠든 적이 많았는데요. 그럴 때마다 엄마는 오늘 하루 어땠냐며, 힘들진 않았냐며, 제 다리와 종아리를 주물러 주셨거든요. 정식으로 마사지를 받은 건 아니지만 노곤했던 어깨와 팔이 엄마의 사랑으로 인해 시원해지며 그동안 쌓인 피로까지 싹 달아나는 느낌이었답니다.

지금도 집에 오셔서 나이 마흔이 된 제가 누워 있는 것을 보면 종종 주물러 주시려고 해요. 저는 "힘드시니 하지 마세요."라고 말하면서 내심 '너무 시원하고 좋네.'라고 생각하는 언행 불일치 모습을 보이기도 한답니다. 솔직히 말해서 남편이 해주는 마사지보다 훨씬 더 시원하고 좋으니까요.

친정엄마의 사랑이 이어져 내려갔나 봅니다. 『잠잠깨비』를 보여 주고 난 후에도 아이들은 엄마의 마사지가 가장 좋은가 보더라고요. 특히 민우는 자기 전에 가끔 마사지 요청을 합니다.

"엄마, 나 다리 주물러 주세요."

마사지할 면적이 점점 넓어져서 힘에 부치긴 하지만, 엄마가 제게 해준 것처럼 저 또한 아이의 행복해하는 미소를 보며 다리를 쭉쭉 잡아당깁니다.

아이의 잠꼬대와 뒤척임에도 아이의 성장을 위해서 열심히 제 몫을 다하는 깨비들의 생생한 업무 현장을 보아서 그런 걸까요? 이제 아이들은 일어나 온몸이 쑤시고 무릎이 아프고 해도 『잠잠깨비』를 떠올리며 투정을 부리지 않습니다. 혹시 일어난 후 온몸이 아프다며 찡얼거리는 아이를 키우시나요? 그렇다면 『잠잠깨비』 그림책을 진심으로 추천해 주고 싶어요.

"네가 자는 동안 누가 다녀간 줄 아니?"

『잠잠깨비』 그림책의 또 다른 즐거움은 그림책 그 자체입니다. 그림책만 보더라도 이연실 작가님이 얼마나 정성스레 그림책을 만들었는지 느낄 수 있거든요. 앞쪽 면지에서는 깨비들의 업무 현장에서 쓰이는 마시지 도구들, 뒤쪽 면지에서는 깨비들의 머나먼 여정을 알려 주는 지도까지 그림책의 모든 장면 하나하나가 정말 세심합니다. 또 '잠투정 돌산' '꿀잠 꽃밭' '잠잠 전파관리소' '키다리 베개산' '잠잠 향수' '당김 열쇠' 등 그림책에 나오는 용어까지 어쩌면 이리 사랑스러운지요?

오늘 아이들 취침 시간에 이렇게 말해 보면 어떨까요? "애들아, 어서 베개산을 베고 누우렴. 그러면 엄마가 잠잠 향수 뿌려 줄게. 잠투정 돌산에서 놀지 말고 꿀잠 꽃밭에서 푹 놀다 자야 한다."라고요.

"이 시대의 별종들을
응원합니다."

『돌 씹어 먹는 아이』
송미경 글·세르주 블로크 그림 | 문학동네

살면서 별종이라는 말을 들어 본 적이 있나요? 어릴 적 기억을 떠올려보면 저는 '별나다.' '유별나다.'라는 말을 좀 듣고 자란 것 같습니다. 특히 엄마와 외가 친척들 사이에서요. 그런데 사실 무엇이 그렇게 유별났는지는 생각이 잘 나지 않습니다. 그냥 그런 소리를 들을 때 기분이 썩 좋지 않던 기억만 납니다. 지금 생각해 보아도 아이였던 제가 뭐가 그리 유별났기에 그런 소리를 들었는지 살짝 억울하네요.

여기 조금은, 아니 특이하게 별난 아이가 있습니다. 그림책 제목과 표지 그림에서도 알 수 있듯이 '돌 씹어 먹는 아이'라고 하네요. 돌을 씹어 먹는다니, 정말 독특하지 않나요? 우리의 상식에서 생각해 볼 때 어떻게 돌을 먹을 수 있겠어요? 도통 이해할 수가 없습니다. 하지만 제가 그렇게 생각하든 말든 여러 돌을 입안 가득 넣고 행복해하는 표지 속 아이의 표정을 보자니 참 부러워집니다. 뭐가 그리 좋은지, 도대체 왜 이 아이가 행복해하는지 궁금하여 책장을 펼쳐 봅니다.

'나는 돌 씹어 먹는 아이예요.'

아이는 자신이 어떤 아이인지 잘 알고 있습니다. 밥보다 돌이 더 좋은 아이는 집 주변의 돌을 하나씩 하나씩 모아 먹습니다. 돌이라고 다 같은 돌인 줄 알았는데 돌을 좋아하는 아이에게는 그게 아닌가 봅니다. 어항 속의 돌, 냇가의 돌 등 모두 다른 맛과 다른 느낌을 주는 돌이기 때문이지요. 그런데 아이의 부모는 아이

가 돌을 먹는 걸 잘 모르는 것 같습니다. 집 주변의 모든 돌을 먹고 난 아이는 가족이 자신의 진짜 모습을 알면 실망할 것 같아 스스로 여행을 떠나거든요. 그 여행길에서 자신과 같은 별종이 많다는 것을 알게 됩니다. 아이는 정말 행복합니다. 그곳에서 자신은 이상한 아이가 아니거든요.

혼자 먹던 돌을 누군가 함께 먹을 때, 특히 돌을 좋아하는 비슷한 사람들과 먹고 즐기니 아이의 마음이 어땠을까요? 하지만 이제 곧 행복한 여행을 마치고 집에 돌아갈 시간이 되었습니다. 그러면서 집으로 돌아가서도 계속 돌을 먹어도 되는지 고민하지요. 그런 아이에게 함께 돌을 먹던 할아버지가 넌지시 말을 건넵니다.

"그럼, 넌 돌 씹어 먹는 아이인걸. 무엇을 먹으면 어때, 신나게 뛰어다니며 무럭무럭 자라렴."

집에 돌아온 아이는 이제 가족에게 용기 내어 당당히 말합니다. "나는 돌 씹어 먹는 아이예요."라고요. 그렇게 말한 아이에게 가족은 어떤 반응을 보일까요? 만약 여러분이라면 어떤 반응을 보일 것 같은가요? 여기에 예상치 못한 유쾌하고 통쾌한 이야기가 숨어 있더군요.

이제야 표지에서 돌을 씹는 아이의 표정이 왜 행복한지 알 것 같습니다. 그러고 생각해 보았습니다. 나는 어떤 아이였는지를. 곰곰이 생각해 보아도 딱히 '돌 씹어 먹는 아이'처럼 저의 특징이 잘 떠오르지 않습니다. 40년이나 살았는데, 내 특징을 한마디 키워드로 정의할 수 없다니…. 정말 대체 뭘 하고 산 건지 지난 인생이 살짝 아쉬워지는 순간입니다.

그러면서 몇 년 전 이슈가 되었던 TV 프로그램 <스트릿 우먼 파이터>의 댄서들이 떠올랐습니다. <스트릿 우먼 파이터>는 개인 시간이 날 때마다 틈틈이 '짤'로 즐겨 본 프로그램입니다. 댄서들의 춤을 보면 참 멋지기도 하고 한편으로는 존경스럽기까지 했거든요.

제가 어릴 적에는 댄서, 특히 스트릿 댄서들에 대한 시선이 그리 곱지 않았습니다. 저 역시 대학로에서 열리는 댄서 오빠들의 공연을 보러 갈 때는 부모님에게 말하지 않고 몇몇 친구들과 조용히 다녀왔거든요. 또 공공연하게 스트릿 댄스와 댄서들을 좋아한다고 떠벌리며 다니지도 못했어요. 그때는 길거리에서 춤추고 노는 아이들은 문제아라는 인식이 있었거든요. 한마디로 그 시대의 별종들이었지요. 하지만 그들은 주변의 차가운 시선에 아랑곳하지 않고 오히려 당당하게 자신이 좋아하는 춤을 흠뻑 즐기고 있었지요. 적어도 제 눈에는 그렇게 보였어요.

"나는 춤을 좋아하는 아이야."

그저 내가 좋아하니까 춤을 추었겠지요. 춤을 추는 내가 가장 멋지고 사랑스러웠기에 그 열정을 꾸준히 지속하고 싶었을 것 같아요. 내가 좋아서, 내가 잘하는 것이 무엇인지를 알았기 때문에 주변의 시선을 의식하지 않고 묵묵히 자신의 길을 간 게 아닐까요? 이 멋진 댄서들이 바로 돌 씹어 먹는 아이가 아닐까 하는 생각이 듭니다.

참으로 다행인 것은 점점 돌 씹어 먹는 아이를 존중해 주는 따뜻한 시선이 늘어난다는 점입니다. 어쩌면 우린 이미 알았을 테지요. 삶은 결국 국영수 성적순도 아니고, 정답이 있는 것도 아니라는 점을요. 그저 각자 '나의 삶'이 있을 뿐이지요. 나의 삶도 나에게는 맞고, 너의 삶도 너에게는 맞다는, 서로의 다름을 인정하고 함께할 때 훨씬 더 재미있는 세상살이가 되지 않을까요?

하지만 나의 삶을 살아가는 데 무엇보다 중요한 건 내가 어떤 아이인지 알아 가고 인정해 나가는 과정이 아닐까 합니다. '돌 씹어 먹는 아이'가 자신이 돌을 먹는다는 사실을 있는 그대로 받아들였듯이 말이에요. 그러니 지금이라도 잘 살펴봐야겠습니다. 나의 돌은 무엇인지, 나는 어떤 사람인지를요. 그러면 남은 인생을 돌 씹어 먹는 아이처럼, 또 스트릿 댄서들처럼 보다 신명나게 살 수 있지 않을까요?

"나의 엄마로 있어 주셔서
감사합니다."

『언제까지나 너를 사랑해』
로보트 먼치 글·안토니 루이스 그림 | 김숙 옮김 | 북뱅크

2년여 전 친정엄마의 환갑 여행을 다녀왔습니다. 예상대로라면 우리 가족 모두 괌에 가는 티켓을 끊어야 하는데, 코로나도 코로나지만 갓 태어난 조카도 있었기에 아쉬운 대로 가까운 대부도에 숙소를 잡아 조촐한 파티를 열었지요.

　환갑이라서 특별한 케이크며, 최고의 어머니상 상패 등 이것저것 준비하다가 우연히 『언제까지나 너를 사랑해』 그림책을 발견했답니다. 그러고는 이 책을 조용히 여행 가방에 챙겼습니다. 아이들에게 잠자리 책으로 읽어 주다가 문득 친정엄마에게, 그리고 이제 막 부모가 된 동생 부부에게도 보여 주고 싶은 마음이 들었거든요.

　즐거운 하루를 보내고 저녁에 고기를 굽고 와인도 한잔하는 자리에서 뜬금없이 그림책 한 권을 읽어 주겠다고 하니 조금 쑥스럽더군요. 사실 저희 집안이 책과 가깝게 지낸 가정은 아니거든요. 그래서 그런지 더더욱 민망하고 어색한 공기가 느껴졌을지도 모르겠습니다. 하지만 친정엄마의 60번째 생신을 함께 축하하는 자리에서 제 진심을 전달할 방법으로 『언제까지나 너를 사랑해』를 낭독하는 일 이외에는 달리 생각나지 않았습니다. 그렇게 우리 식구들 모두 반강제적(?)으로 『언제까지나 너를 사랑해』 그림책을 조용히 감상하게 되었답니다. 잠시 고기쌈 싸는 것을 멈추고요.

　너를 사랑해. 언제까지나
　너를 사랑해. 어떤 일이 닥쳐도

내가 살아 있는 한
너는 늘 나의 귀여운 아기

『언제까지나 너를 사랑해』 그림책은 정말이지 엄마의 한결같은 사랑이 흠뻑 느껴지는 아름다운 그림책입니다. 아이들에게 엄마의 사랑을 고스란히 전하는 최고의 그림책이 아닐까 싶을 정도로요. 그림책 속의 어머니가 아들에게 전달하는 사랑의 방식은 꼭 친정엄마를 보는 듯했으니까요.

엄마의 헌신적인 사랑이 없었다면 과연 저와 동생은 온전한 성인으로 잘 자랄 수 있었을까요? 저는 분명 완벽하고 멋진 사람은 아니지만, 나름 괜찮은 사람이라고 생각하며 행복한 마음으로 살고 있습니다. 이것은 분명 엄마의 사랑을 마음껏 받아 심신의 뿌리가 건강하고 단단해졌기 때문임을 잘 압니다. 하지만 저는 그 감사의 마음을 잘 표현하지 못하는 애교 없는 첫째 딸입니다. 그래도 엄마는 다 큰 성인이 된 저에게 아직도 한결같은 사랑을 보여 주고 있지요.

"엄마, 나 오늘 워크숍 있으니 얘들 좀 봐 줘요."라는 한마디에 만사 제쳐두고 한걸음에 달려오는, 이제는 할머니가 된 엄마.

『언제까지나 너를 사랑해』의 주인공 아들처럼 저도 한결같은 엄마의 사랑을 알고 있지만, 엄마보다는 아이들에게 '사랑한다.'는 말을 더 자주 해주고 있더군요.

"우리 아들 최고로 사랑해!"

"엄마는 우리 딸이 어떤 모습이라도 그냥 사랑해."

하지만 확실히 알고 있습니다. 제가 엄마에게 너무나도 크나큰 사랑을 받았기에, 그 사랑을 제 아이에게 온전히 전달해 줄 수 있음을요. 그녀가 먼저 있었기에 이 내리사랑이 가능했음을요.

여행 이튿날 아침, 따뜻한 햇살이 가득한 정원에서 손녀의 머리를 빗겨 주며 사랑한다고 말씀하시는 엄마를 보니 기분이 참 묘했습니다. 저에 대한 그녀의 사랑이 이제는 손자손녀들에게까지 전달되어 제 아이들에게도 따뜻한 정을 나누어 주시는 모습이 얼마나 아름다워 보였는지 몰라요. 그런 그녀에게 용기 내어 노래를 불러 주고 싶습니다. 그림책 『언제까지나 너를 사랑해』에 나오는 아기에 대한 찬사를 엄마로 살짝 바꾸어서 말입니다.

당신을 사랑합니다. 언제까지나
당신을 사랑합니다. 어떤 일이 닥쳐도
제가 살아 있는 한
당신은 늘 나의 사랑스러운 엄마.
나의 엄마로 있어 주셔서 감사합니다.

"꿈꾸는 아름다운 삶"

『일개미 노리의 바다』

강수인 글·그림 | 아스터로이드북

표지를 보자마자 끌리는 그림책 『일개미 노리의 바다』를 발견했습니다. 보랏빛 바탕에 형광을 띤 노란색으로 밝게 빛나는 제목은 뭔가 몽환적인 느낌을 풍기더군요. 표지를 보면 다들 쿨쿨 자는 한밤중인 것 같은데 오직 개미 한 마리만 들뜬 모습으로 이불 속에서 책을 읽는 모습이 눈길을 끕니다. 그 개미가 바로 일개미 '노리'인가 봐요. 그리고 노리의 주변 물품과 벽에 붙인 사진들로 보아서 노리가 무엇에 푹 빠져 있는지 알 것 같습니다.

『일개미 노리의 바다』는 글 없는 그림책입니다. 가끔 읽기 힘들게 느껴지는 글 없는 그림책이 더러 있지만, 『일개미 노리의 바다』는 전혀 그렇지가 않습니다. 노리를 따라가면서, 또 노리가 된 기분으로 그림책을 보면 그림 서사만으로도 충분히 쉽게 읽을 수 있으니까요. 저는 아이들과 함께 이불 속에서 UV램프를 가지고 그림책을 비추며 함께 보는데요, 진짜 노리가 된 기분이에요.

그렇습니다. 노리는 이불 속에서 바다와 관련된 책을 보며 바다 탐험을 꿈꾸는, 세상에서 가장 작은 존재 일개미입니다. 노리는 언젠가는 바다에 가서 배도 타고 문어와 고래도 볼 거라는 희망을 품고 있지요. 하지만 노리의 친구들은 노리의 꿈에 전혀 관심을 보이지 않습니다. 오히려 노리의 꿈을 헛된 희망이라고 생각하는 것 같아요.

그렇겠지요. 바다에서 개미를 본 적이 있나요? 만약 바다에 개미가 있다면 바로 파도에 휩쓸리거나, 모래 무게에 깔려 허우적대다가 쉽게 목숨을 잃을 수도 있을 테지요. 정해진 삶을 받아들이고 하루하루를 그냥 덤덤히 사는 노리 친구들에게 어쩌면 노

리는 허황한 꿈을 꾸는 별종일 거예요. 하지만 그런 시선에는 아랑곳하지 않고 노리의 꿈은 점점 커집니다. 과연 노리는 바다에 갈 수 있을까요? 이 거대하고 불가능해 보이는 꿈을 어떻게 실현해 나갈까요?

꿈, 그러고 보니 저 역시 노리처럼 아주아주 큰 꿈을 꾼 적이 있었어요. 살면서 가장 행복한 시절을 말해 보라고 하면 바로 그

시절이 맨 먼저 떠오르지요. 바로 중학교 시절인데, 저는 그때 예고를 준비하면서 큰 꿈에 부풀었답니다. 그냥 취미 삼아 다니던 미술 학원의 원장 선생님 권유로 예고 입시를 준비하게 되었어요. 그러면서 그림을 좀 더 집중적으로 그리고, 나중에는 영화 미술, 무대 미술을 하는 꿈을 꾸었답니다. 그 꿈은 점점 커져 할리우드나 브로드웨이에서 공연 미술가의 꿈을 이루리라 생각했어요. 노리의 꿈이 커져만 가는 것처럼 저의 꿈도 점점 더 커져만 갔지요. 중학생 아이에게 '한국인 최초 공연·영화 미술의 개척자'라는 타이틀이 어찌나 멋지게 보였는지…. 꿈꾸는 것만으로도 정말이지 행복했답니다.

하지만 결과적으로 예고에 가지 못했어요. 첫 번째 꿈이 좌절된 것이지요. 엎친 데 덮친 격으로 당시 집안 형편이 무척 어려워졌어요. 평수를 줄여 서울 변두리 어딘가로 이사를 가야 할 만큼이요. 항상 아낌없이 모든 것을 지원해 주신 아빠는 처음으로 제 앞에서 그동안 예고 입시를 지원하느라 너무 힘들었다 하시면서 소주 한잔을 들이켰습니다. 어깨가 축 처진 아빠의 모습은 성인이 된 지금까지도 잊히지 않네요. 거기에다 엄마는 예고 입시에 실패한 것이 어쩌면 우리 가족에게는 참 다행인 것 같다고 애써 저를 위로해 주셨지요.

그제야 제 꿈을 위해 부모님이 얼마나 힘들게 뒷바라지했는지 알게 되었답니다. 부모님께 너무 죄송한 마음이 들었어요. 하지만 꿈꾸던 나의 앞날이 깜깜해진 것도 사실입니다. 무엇을 어떻게 해야 할지 몰라 방황하던 시절이 고등학교를 넘어 대학 시절까지도 내내 지속된 것 같아요. 하지만 그 방황하는 시간조차 어떻게 하면 제가 꿈꾸던 삶에 조금씩 다가갈 수 있을지 알아보곤 했어요. 꿈을 놓고 싶지는 않았나 봐요. 공연 미술 분야의 책도 살펴보고, 스터디나 동아리 모임도 찾아다니다가 결국 대학로 극단에서 스텝으로까지 활동하면서 여기저기 기웃거린 나날이 기억 속에 스칩니다.

물론 지금 이렇게 결혼해서 평범하게 사는 것으로 보아 모든 꿈이 뜻대로 이루어지지는 않았습니다. 하지만 크게 속상하지는 않아요. 현실 속에서 제 꿈을 조금씩 조금씩 수정하고 또 다른 길로 선회하기도 했지만, 그 안에서 꿈을 꾸며 살았기에 행복했고 지금의 나를 만들었다고 생각하니까요. 알 수 없는 희망이 여기까지 살아오는 데 큰 힘을 주었답니다. 비록 처음에 꿈꾼 대로 완벽하게 실현하지 못했더라도 말입니다.

『일개미 노리의 바다』그림책이 이런 저를 토닥여 줍니다. 꿈에 미친 듯이 빠져들고, 그 꿈을 위해 집중하고 몰입했던 시간만으로도 얼마나 아름다운지, 그것만으로도 잘 살았다고 토닥여 주는 것 같아요. 그래서 꿈꾸는 노리가 아름다워 보입니다. 꿈꾸는 노리의 표정은 행복 그 자체 같거든요.

오늘은 또 다른 꿈을 꾸며 사는 저를 스스로 응원해 주고 싶네요. 이 꿈이 또 어떤 방향으로 나아갈지는 모르겠지만 무조건 파이팅, 파이팅을 외치고 싶습니다. 아름답게 살아가고, 또 살아갈 나를 위해서요.

"함께하는 아름다운 삶"

『너와 나』

사이다 글·그림 | 다림

코로나 대유행의 시대, 바이러스의 확산을 막기 위해, 주변 사람에게 피해를 주지 않기 위해 최대한 만남을 자제해 달라는 지속적인 사회적 메시지에 조금 피곤한 시간을 겪었습니다. 누군가와 함께 만들어 나가는 시간과 추억이 더욱더 그리워졌지요. 언제까지 이렇게 서로 거리를 두어야 하는지 스멀스멀 한탄이 올라오기 시작할 때 그림책 『너와 나』에 등장한 친구들이 부러워졌어요.

『너와 나』 그림책은 자연 생태계 속에서 생물들의 공생 관계를 보여 주는 그림책입니다. 그림책 표지에 나오는 아프리카 물소와 소등쪼기새의 경우부터 시작하여 타조와 얼룩말, 까마귀와 미어캣 등이 서로의 부족한 면을 채워 주고 도와주며 삶을 살아갑니다.

공생 관계라고 하면 서로 도와주는 것만 알고 있었는데 일방적으로 한쪽만 도움을 주거나 받는 경우도 있더군요. 상어의 몸에 붙어 먼 거리를 이동하면서 상어가 잡아먹은 물고기의 찌꺼기를 먹는 빨판상어, 해파리 옆에 딱 붙어 다니면서 천적을 피하는 물릉돔이 그렇다네요. 자신에게 도움이 되는 것이 하나도 없어도 상대를 위해 기꺼이 자신의 몸을 내어 주는 상어와 해파리가 참 멋있어 보입니다.

처음에 『너와 나』 그림책을 보면서 '아! 논픽션 그림책이 이렇게도 나오는구나!'라는 느낌이 먼저 들었어요. 하지만 사이다 작가님 특유의 그림 스타일 때문일까요? 무심하게 그린 듯한 작가님의 선과 색이 따뜻한 그림으로 어우러지며 어느 순간 그림책이 저를 위로해 주더라고요. 힘든 시기였어도 '잘 살았다.'라고 토닥여 주는 것만 같았습니다.

사실 저는 코로나가 확산되기 바로 직전 그림책 모임을 만들었습니다. 코로나 팬더믹 시대가 이렇게 길어질지 예상치 못했던 이유도 있지만, 그림책을 함께 읽는 벗들이 있으면 좋겠다는 생각이 굉장히 컸어요. 그래서일까요? 알 수 없는 용기가 생겨서 주변 사람들에게 "함께 그림책 읽을래요?"라고 묻고 다녔습니다.

책 모임을 어떻게 진행해야 할지, 과연 내가 잘 끌고 갈 역량이 되는지도 잘 모르는 상태였기 때문에 두려움도 있었지만, 좋은 것을 함께 나누고 싶은 마음과 설렘이 더 컸던 것 같아요. 그렇게 해서 친한 동네 엄마와 건너 소개로 만난 이들까지 총 다섯 명이 일주일에 한 번씩 우리 집에 모이기 시작했습니다.

그때만 해도 구성원 대부분이 '책은 원래 그냥 좋으니까' '그림책이 뭐지?'라는 생각으로 참여했다고 하더군요. 어쩌면 초기 목적과는 달리 동네 엄마들의 친목 모임으로 빠질 수도 있다는 부담감도 안고 있던 셈이지요. 하지만 매주 그림책을 중심으로 소통하기 위해 많은 그림책을 소개하고 함께 읽어 나갔습니다. 그러다 보니 처음에는 어색해하던 회원들도 점점 더 이 알 수 없는 그림책의 매력에 빠져들었고, 나아가 모임에서 얻은 평온한 마음으로 아이를 대하게 되었다고 하더군요.

그런데 이놈의 코로나가 확산되면서 더 이상 집에서 모이는 것도 부담스러운 상황이 되어 버렸습니다. 잠시 모임을 중단해야 할 상황이 온 것이지요. 이 상황을 어떻게 타파해야 할지 고민하는데 우연히 도서관에서 '경기도 독서 동아리 리더 양성 과정'이라는 홍보물이 눈에 띄었답니다. 이 과정을 수료하면 도서관에서 전적으로 책 동아리를 지원해 준다는 문구와 함께요. 우리의 그림책 모임이 지원을 받을 수도 있겠구나 하는 기대감과 함께 뭔가 또 다른 길이 트일 것만 같았습니다.

그 뒤로 저는 고양시립도서관 아람누리의 대표 그림책 모임 '그림책벗' 리더가 되었고, 모임 규모는 더 커졌지요.

주변 친구들이 '그림책벗' 리더가 되기까지의 활동을 지켜보면서 그러더군요. "왜 고생을 사서 해?" "너무 주기만 하는 거 아니야?" "그렇게까지 노력하는데 회비라도 받아야 하지 않아?"라고요. 하지만 제 생각은 달랐습니다. 그림책이 마냥 좋아서, 그저 사람 냄새 맡으며 함께 좋은 것을 나누고 싶은 순수한 마음으로 시작한 모임이었습니다. 아무 욕심 없이요.

그런데 예상 밖으로 함께하는 회원들이 그림책을 점점 좋아하기 시작했고, 그림책을 통해 자신의 삶을 긍정적으로 대하게 됐을 뿐만 아니라, 아이와의 관계도 더 친밀해지고 좋아졌다고 하시는 말씀을 들을 때면 저도 모르게 뿌듯해지곤 했답니다. 모임에 더 적극적으로 나오셔서 서로 긍정적인 에너지를 주고받는 회원들의 모습을 보면서 저 역시 모임을 꾸준히 지속할 역량을 키워 나가기 위해 부지런히 노력했던 것 같아요. 저만 무언가를 제공하는 것이 아니라 회원들의 변화를 통해 저 역시 힘을 얻고 앞으로 나아가게 된 것이지요. 『너와 나』 그림책 속의 친구들처럼 말이에요.

도서관 서서님의 메시지 한 통에 더욱더 기운이 납니다.

"선생님, 오늘도 고생하셨어요! 제가 기대한 것 이상으로 모임을 너무 잘해 주셨어요. 앞으로도 잘 부탁드립니다!"

『너와 나』 그림책 속의 친구들처럼 사회적으로 함께 나누며 살도록 해준 첫 번째 모임이 바로 '그림책벗'이라고 할 수 있어요. 그리고 이제는 '그림책벗'에서 갈고 닦은 역량을 바탕으로 '책 친구 작은 철학자'라는 이름 아래 어린이들과도 함께 책을 읽으며 사유하는 삶을 살고 있지요.

함께 읽는 모임을 통해 삶이 더욱더 아름다워지고 풍요로워진 것은 분명합니다. 물리적으로 거리를 두어야 하는 상황에서도 그림책을 가지고 특별한 연대를 맺으며 함께 힘든 시기를 따뜻하고 아름답게 보낼 수 있었음에 감사할 따름입니다. 오늘도 그림책과 함께하는 사유에 동참해 준 책 벗들! 함께해 주셔서 정말 고마워요! 우리 할 수 있을 때까지 계속 책 벗으로 만나요!

이미경은 마흔세 살에 늦둥이 딸을 낳았습니다. 잠시도 가만히 있지 않고 파닥거리며 빤한 거짓말을 해맑게 웃으며 하는 별난 아이와 눈높이를 맞추기 위해 함께 그림책을 읽었습니다. 그림책이 이 아이를 함께 키워 준 것 같습니다. 요즘에는 대학원에서 박사 논문 주제로 그림책 리터러시 연구를 열심히 하고 있습니다. '모모로 북클럽'에서 '엄마는 페이지터너다.'라는 주제로 그림책 리터러시 강의도 하고 있습니다.

아름답고 감사하고 행복한 - 이미경

"이토록 아름다운 그림책을
만난 건 행운이다."

『울타리 너머』

마리아 굴레메토바 글·그림 | 이순영 옮김 | 북극곰

『울타리 너머』를 처음 본 순간 평화롭고 쓸쓸한 동유럽의 초록 들판 풍경에서 눈을 뗄 수가 없었습니다. 파스텔 색조의 아름다운 일러스트로 채운 이 그림책은 소장하고 싶은 한 폭의 명화입니다.

『울타리 너머』의 앞표지와 뒤표지에 그린 초록 들판은 가슴이 먹먹해지도록 쓸쓸하고 아름답습니다. 먹구름이 가득한 하늘에 철새들이 떼 지어 날아가는데, 목에 하얀 레이스가 달린 주홍색 윗옷을 입은 돼지가 목책을 두른 울타리 너머를 망연히 바라봅니다. 그 아기 돼지의 서러운 뒤태에서 마흔 살 즈음에 몹시 고단했던 내 모습이 겹쳐서 눈물이 났습니다.

목책을 두른 울타리 너머를 바라보는 돼지의 모습을 형용사로 표현하자면 '무연하다.'라는 단어가 떠오릅니다. 평소에는 잘 쓰지 않는 형용사 무연하다는 '아득하고 너르다.'란 뜻입니다. 어쩌면 아기 돼지의 눈가에 눈물이 고여 있을지도 모르지요. 아기 돼지의 시선을 따라 울타리 너머를 보다가 그림책 읽기를 잠시 멈추었습니다. 표지 그림에서 떠오르는 막막한 어제의 나를 직면하기가 두려웠기 때문입니다.

큰 저택에서 소년 '안다'와 함께 사는 아기 돼지 '소소'는 자신에 대해 뭐든지 다 아는 착한 주인 안다와 우아한 티타임을 즐기는 안락한 생활을 합니다. 자칭 패셔니스타 안다는 아기 돼지 소소를 두 발로 걷게 하고 어울리는 옷을 잘 안다며 보라색 셔츠도 입혀 보고 리본 달린 모자도 씌워 줍니다. 그런데 소소는 멋진 옷을 입고 그저 그런 표정으로 발도 닿지 않는 의자에 앉아 있습니다. 소년이 이렇게 잘해 주는데도 말입니다.

이 그림책의 원작인 영어 제목은 『비욘드 더 펜스(Beyond the Fence)』로, 우리말로도 『울타리 너머』로 옮겼습니다. 다른 건 다 같은데 소년의 이름이 원작에는 '안다'가 아니라 '토마스(Thomas)'이고, 아기 돼지 이름 역시 '소소'가 아니고 '피기(Piggy)'입니다. 들판에 사는 멧돼지는 '산들이'가 아니고 '와일드 피그(Wild pig)'라는 점이 다릅니다.

이순영 번역가는 자기중심적인 소년의 이름을 '안다'로 지었습니다. 그리고 내키지 않는 상황에서도 짜증 내지 않고 그저 그렇게 견디는 아기 돼지의 이름을 '소소'라고 지었습니다. 소소는 '좋지도 않고 나쁘지도 않은, 그저 그만하다.'라는 뜻의 영어 '소 소(so so)'를 소리 나는 대로 붙인 이름이라고 짐작해 봅니다.

하여튼 아기 돼지 소소는 대충 행복한 나날을 보내는 것 같습니다. 안다의 사촌이 놀러온 틈을 타서 혼자 산책을 나갔다가 들판에 사는 멧돼지 '산들이'를 만나기 전까지는 말이에요. 그날 이후 소소는 날마다 창밖을 내다봅니다. 아기 돼지는 들판에 사는 멧돼지 산들이와 주고받은 말을 떠올립니다.

"숲에서 달릴 때 옷이 불편하지 않니?"
"아니. 난 달리지 않거든."
"세상에! 달리면 얼마나 신나는데! 한번 해 봐. 같이 달릴래?"
"그러고 싶지만 난 돌아가야 해. 나중에 다시 와 줄래?"
"그래."

과연 아기 돼지 '소소'는 그저 그런 일상을 벗어나 울타리 너머에서 무언가를 찾을 수 있을까요? 이 안락한 일상을 포기할까요?

그림책 읽기를 멈추고 잠든 밤, 꿈속에서 서른아홉 살에 유치원생 아이를 둔 중년의 나를 만났습니다. 전업주부와 학원 강사를 겸하며 바삐 살아가며 현모양처 코스프레를 하던 시절의 나는 무연히 너른 들판을 하염없이 바라보던 그 아기 돼지와 다름 없었습니다. 하염없이 울타리 너머를 목을 빼고 바라보면서도 그 자리에 붙박은 듯 앉아 있는 중년의 집돼지 소소였습니다.

"엄마 이제 죽어야지. 눈 꼭 감고!"

일곱 살 딸아이는 인형 놀이를 하자며 나에게 요술 공주 가발을 씌운 뒤에 독 사과를 먹고 죽는 백설 공주가 되라고 했습니다. 내가 '꼴까닥!' 하고 눈을 감자, 케첩을 짜서 피 분장을 해주었습니다. 솔직히, 차갑고 축축한 케첩 촉감이 죽기보다 싫었습니다. 그런데 침까지 흘리며 까르르 웃는 아이와 눈을 마주치자 슬픈데도 너무 사랑스러워서 아이를 따라 행복한 척 웃었습니다.

마흔 살을 갓 넘긴 어느 가을 찻집 테라스에 앉아 눈이 시리게 파란 하늘을 보며 나는 그 파란 하늘에 풍덩 몸을 던져 죽고 싶었습니다. 사랑하는 남편, 애살스러운 딸로도 채워지지 않는 허전함이 마치 맨밥을 넘기듯 목이 메어 오는 서러운 마흔 살과 함께 찾아왔습니다. 새파란 가을 하늘 건너편에 몸을 던지면 혼자만으로도 족히 행복한 공간이 숨겨져 있을 것 같았습니다.

나이 마흔 살 무렵 나의 삶은 그저 그랬습니다. 자신의 욕구보다는 가족의 기쁨을 위해 희생하고 살면서, 잘 살고 있다고 스스

로를 달랬지요. 작가가 되고 싶은 꿈도 포기하고, '이만하면 행복하다.'며 가족이란 울타리에 나를 가두고 살았습니다. 마음 한 켠에 바람이 지나가는 소리가 밤마다 귓전에 흐르는 것 같았습니다. 그때의 내 마음을 보여 주는 장면이 『울타리 너머』에 그려져 있습니다. 거대한 저택의 고급스러운 방 안에서 아기 돼지가 창문 앞 엔틱 의자에 기대앉아 하염없이 창문 밖을 바라보는 장면입니다.

그때는 그랬지요. 가정을 벗어나 나 자신을 계발하는 게 사치인 듯싶었습니다. 그로부터 7년 후, 늦둥이 딸을 낳고 나서 우연한 기회에 대학원에 진학하게 되었어요. 대학원에서 공부하면서 무엇을 원하는지 알게 되었지요. 나는 가르치는 걸 좋아하는 사람이었습니다. 그것을 확인한 이후, 입시 학원에서 논술을 가르치던 전공을 살려 지금은 독서 교육 전문가로, 독서 토론 프로그램 개발자로 일하고 있습니다.

다행히 남편과 아이들이 엄마의 늦깎이 공부를 응원해 주고, 늦둥이 딸도 도우미 이모가 잘 보살펴 주어서 건강하게 잘 자랐습니다. 처음에는 세 살밖에 안 된 아이를 남의 손에 맡기는 상황이 편치 않았습니다. 낯가림이 심한 남편의 저녁밥을 도우미 이모가 차려 주는 것도 미안했고요.

모든 것을 가질 수 없다면 조금은 포기해야 합니다. 나는 이제 새파란 가을 하늘을 봐도 슬프지 않습니다. 아이들은 엄마의 일부를 세상에 나누어 주고 남편은 아내의 사회적 이름을 흔쾌히 지지하며 불편함을 감수했습니다. 내가 행복해야 가족을 온전히 사랑할 수 있다는 진리를 확인하는 과정이었지요.

　그림책 한 권으로 되돌아본 나의 어제와 오늘, 이 그림책을 보고 울고 웃으면서 작가 마리아 굴레메토바에게 무척이나 고마운 마음이 들었습니다. 새로운 도전을 앞에 두고 두려워하는 아기 돼지 소소는 이렇게 말합니다. 익숙함을 버리는 것은 큰 용기와 결심이 필요하다고, 어쩌면 울타리 너머 세상이 지금 이곳보다 아름답거나 행복하지 않을지도 모른다고.

　『울타리 너머』 표지를 넘기면 앞쪽 면지에 갈색 색조의 그림이 나옵니다. 사람 옷을 입고 언덕에 앉은 아기 돼지 소소의 옆모습입니다. 뒤쪽 면지를 보면 옷을 벗은 아기 돼지와 야생의 멧돼지가 함께 풀이 무성한 들판을 달립니다. 앞쪽 면지에 등장한 아기 돼지 소소가 뒤쪽 면지에 들판을 달리는 아기 돼지겠지요. 나는 울타리를 넘은 소소의 선택을 응원합니다. 낯선 공간에서 어려움을 만날지도 모르지만 너의 선택은 최고라고.

　세상에서 이토록 아름다운 그림책을 만나는 일은 행운입니다. 오래도록 마음에 머무는 표지를 통해 어제의 나를 만나 꼭 안아줄 수 있어서 참 좋았습니다.

"20년 만에 다시 읽은
그림책에서 받은 위로"

『빨간 나무』

숀 탠 글·그림 | 김경연 옮김 | 풀빛

숀 탠의 『빨간 나무』는 아이들이 보기에 좀 부담스러운 일러스트라서 아이들이 좋아하지 않을 거라고 예단하기도 합니다. 하지만 큰딸은 이 그림책을 다섯 살 때부터 읽고 또 읽었습니다. 특히 강렬하고 따스한 빨간색이 캠프파이어 불빛처럼 타오르는 빨간 나무를 무진장 좋아합니다. 그로테스크한 도시의 풍경 속에 괴물 같은 물고기가 눈물을 흘리는 이 책을 딸에게 읽어 주면서 아이의 동심이 파괴될 것 같아서 불편한 그림이 나오는 페이지는 빛의 속도로 재빨리 넘겼습니다. 그러면 아이는 넘긴 그림을 다시 펼치고 거대하고 미련해 보이는 회갈색 물고기가 눈물 흘리는 장면을 뚫어지라 쳐다보더라고요.

"그림이 좀 무섭지?"

아이의 표정을 살피며 물어보았습니다.

"불쌍해!"

"누가 불쌍한데? 소녀가?"

"아니 물고기가…."

"왜?"

"몰라. 엄마, 이 물고기 집에 데려오자. 우리 아주 큰 어항 사서 얘 키우자!"

이상하고 이상했습니다. 안 그래도 불편한데 그림책 속 물고기를 담을 어항을 사 달라는 아이의 반응도 이해할 수 없었고요.

페이지마다 무심하게 뒹구는 빨간 단풍잎을 찾을 때마다 "앗싸! 여기도 하나"를 외치며 그림책을 읽던 아이의 반응은 마지막 장면에서 절정을 이룹니다. 방 안 가득 노을빛이 도는 주홍색으로 방을 밝히는 커다란 단풍나무를 본 아이가 "와아! 예쁘다. 엄마, 이 나무 사 줘요!" 합니다.

　마침 비 온 뒤에 절정을 이룬 빨간 단풍잎을 한 무더기 주워서 우리 거실을 꽉 채울 어항 대신에 빨간 나무를 만들어 아이의 욕망을 무마시켰습니다. 그날 남편과 함께 베란다 창 가득 새빨간 단풍잎이 무성한 '빨간 나무'를 만들었지요. 오 헨리가 쓴 단편 소설 『마지막 잎새』에 나오는 늙은 화가 아저씨처럼 유화물감으로 그릴 수는 없으니, 스카치테이프로 빨간 단풍잎을 하나씩 붙였습니다. 일주일 뒤 바싹 마른 단풍잎이 하나씩 부서져 떨어질 때마다 아이는 울고, 그 자리에 싱싱한 단풍잎을 새로 채워 붙이느라 힘들던 기억이 『빨간 나무』를 보며 새삼 떠올라 미소 짓게 됩니다.

　저는 이 그림책에서 유독 불편한 장면이 있었습니다. 보라색 피에로 옷을 입고 '너는 누구니?'라고 쓰인 주머니를 목에 멘 빨간 단발머리 소녀가 오른손에 인형을 들고 우는 페이지입니다. 정방형의 무대 위에는 기괴한 소품들과 얼굴에 종이봉투를 쓰고 트럼펫을 부는 남자가 있습니다. 다양한 활자가 쓰인 현수막 액자 뒤로 소녀의 얼굴이 그려진 족자가 드리워지고 돌연변이 같은 괴물들이 무대 위에 있습니다. 무대 중앙에서 보라색 피에로 복장을 한 소녀가 자신을 닮은 인형을 들고 똑같은 모자를 쓴 관객을 보며 고개를 떨구는 이 장면이 서늘하게 가슴에 다가왔습니다.

　초등학교 2학년 때 서울로 전학을 와서 이리저리 치이고 주눅

든 내 모습이 떠올랐기 때문입니다. 다섯 살부터 수원에서 살다 초등학교 1학년을 마치고 서울에 온 나는 경기도 특유의 사투리를 쓰는 촌뜨기였습니다. 게다가 긴장하면 말을 더듬고 혀를 내밀었습니다. 시커멓고 네모난 안경을 쓴 여선생님은 혀 내미는 버릇을 고치라며, 한 번만 더 혀를 내밀면 가위로 혀를 잘라 버린다고, 농담 같지 않은 협박을 하며 크낙새처럼 컥컥컥 웃었습니다. 그때 선생님은 정말 끔찍한 괴물 같았고, 촌뜨기라고 놀리는 친구들도 싫었습니다.

『빨간 나무』의 작가 숀 탠의 어린 시절도 행복하지는 않았을 것 같습니다. 오스트레일리아에서 태어난 중국계 그림책 작가 숀 탠은 이민자 2세로, 1974년 이민자들의 기착지인 항구 도시 프리멘틀에서 태어났다고 합니다. 대도시인 퍼스 북쪽의 변두리에서 처지가 비슷한 이민 2세들과 섞여 지내면서 자신의 정체성과 주변부의 삶에 대해 고민하고 자란 그는 공룡이나 로봇, 우주선 같은 환상적인 그림을 그리며 마음을 달랜 듯합니다.

자란 곳은 오스트레일리아지만 어디에도 속할 수 없는 이방인이 되어 낯선 언어에 적응하느라 힘들었을 숀 탠의 어린 시절을 『빨간 나무』 속지 그림 속에서 짐작할 수 있었습니다. 일러스트 속에 자잘하게 박아 놓은 활자나, 소녀가 부는 나팔 아래로 우수수 떨어지는 알파벳 글자들을 보면 언어적 소통이 쉽지 않았을 이방인 소년 숀 탠의 슬픔이 짐작됩니다.

『빨간 나무』 속 소녀는 방긋 웃는 마지막 장면을 제외하고는 고개를 떨구거나 입을 일부러 그리지 않은 모습으로 표현하고 있어요. 고개를 떨구거나 입을 앙다문 소녀가 무기력하게 어깨를 늘어뜨리고 거리를 걷습니다.

소녀는 커다란 암모나이트 위에 목탄으로 빗금을 그으며, 누군가를 혹은 무언가를 기다립니다. 무릎을 꿇고 빗금을 그리는 장면에서 글은 '때로는 기다립니다. 기다리고 기다리고… 기다립니다. 그러나 달라지는 것은 아무것도 없습니다.'라고 쓰여 있습니다. 이 장면에서 울컥했습니다. 서울로 간 엄마, 아빠를 하염없이 기다리는 여덟 살의 내가 보였기 때문입니다.

수원에서 하던 편물공장이 망하자 엄마와 아빠는 동생 둘을 데리고 서울로 갔습니다. 1학년 입학이 며칠 안 남은 나는 입학식을 해야 서울 학교로 전학 갈 수 있어서 가는 귀가 먹은 친할머니 곁에 남겨졌지요.

나는 매산초등학교에 입학했습니다. 당시에는 전 국민 캠페인으로 벌이는 '스마일 운동'이라는 국가 정책이 있었습니다. 샛노랗고 동전만 한 스마일 뺏지를 달고 학교에 다니면서 '스마일' 할 때마다 방긋방긋 활짝 웃었습니다. 엄마가 보고 싶어서 눈물이 나도 '스마일' 하며 웃었습니다.

한 달에 한두 번 엄마는 내가 좋아하는 분홍 소시지 김밥을 싸서 수원에 내려왔습니다. 『빨간 나무』의 소녀처럼 나는 거대한 암모나이트 같은 대합실 나무 벤치에 네모난 란도셀을 매고 앉아서 엄마를 기다렸습니다. 커다란 괘종시계가 '땡땡땡' 일곱 번 울릴 때쯤 할머니가 미련을 못 버리고 칭얼대는 내 등짝을 때리고 집으로 끌고 가셨지요.

아무리 혼잣말로 "스마일, 스마일"을 해도 눈물이 났습니다. 눈물이 앞을 가려서 돌부리에 걸려 넘어진 적도 있습니다. 가는 귀가 먹은 일흔두 살의 할머니는 가끔 밤마실을 가고, 빈집에 혼자 남은 나는 엄마가 만들어 준 베개 인형에게 말을 걸고 다시 인형이 되어 말을 되돌리며 복화술을 했습니다. 그러다가 혹시 엄마가 나를 잊은 건 아닌가 하는 데 생각이 미치면, 손가락을 쑤셔 베게 인형에 구멍을 내고 그 안에 든 좁쌀을 우악스럽게 끄집어냈지요.

입이 안 그려진 소녀는 어쩌면 이민자로 가득한 호주의 항구도시에서 태어난 작가 손 탠이 겪은 어제의 풍경일 수도 있겠다 싶었습니다. 낯설고 거대한 도시의 컨테이너 벨트 속에서 불안과 우울로 얼룩진 하루를 시작했겠지요.

나만 두고 서울로 떠난 가족에게 서운하고 원망스러운 1학년 아이가 손 탠의 그림처럼 어둑어둑한 방 한가운데에 웅크리고 앉아 있었습니다. 재잘거리며 수다를 떨어도 소리를 잘 못 듣는 할머니가 등 돌리고 누워서 잔기침을 하는 깊은 밤 작은 방에는 달빛마저 새어들지 않았습니다.

석 달 뒤 엄마를 따라 서울 집으로 갔을 때 좋은 기억은 밤에도 대낮처럼 밝은 형광등이 달린 방이 생긴 것입니다. 손 탠이 마지막 장면에 그린 빨간 나무가 내게는 이 형광등입니다. 형광등 불빛은 새로 산 빨간 원피스를 더 예쁜 빨강으로 보이게 했고, 가방에 늘 달고 다니던 스마일 배지도 더 노랗게 웃었습니다.

어린이책에서 빨간색은 위험한 상황이나 금기를 나타내는 강조 색깔로 표현되는 경우가 많습니다. 예를 들어 늑대의 사냥감이 될 뻔한 빨간 모자를 쓴 소녀 이야기가 있고, 무도회에나 신고 가는 빨간 구두를 교회에 신고 가서 죽을 때까지 춤을 추는 저주에 걸려 발목을 잘리는 소녀 이야기처럼 빨간색은 슬픈 결말에 익숙한 색깔입니다.

하지만 숀 탠의 빨간색은 해피 엔딩으로 마무리하는 희망의 색깔입니다. 어두운 방 안을 가득 채운 강렬하고 따스한 빨간 나무는 일상에 지친 사람들을 위로해 주는 서정시입니다. 특히 반짝이는 금가루를 한 움큼 쏟아부은 듯 환상적인 오렌지빛을 내는 빨간 나무를 보면 그림책을 보는 내내 우울하고 답답했던 마음이 환하게 밝아집니다. 방긋 웃는 소녀를 보면 마음이 훈훈해집니다.

어린이의 꿈과 희망인 산타클로스의 유니폼이 진한 빨강이고, 생명을 구하는 적십자 마크도 빨간색인 것처럼 숀 탠에게 빨간색은 이 세상 사람들을 행복하게 하는 가장 아름답고 긍정적인 색인 듯합니다. 나는 이 그림책에서 세상에서 가장 아름다운 빨강을 만났습니다. 희망의 빨간 나무를 잊지 못할 겁니다.

"올가의 키오스크는 세상에서
가장 아름다운 행복 공간"

『키오스크』

아네테 멜레세 글·그림 | 김서정 옮김 | 미래아이

아네테 멜레세의 『키오스크』는 한 번 보면 화려한 원색의 그림에 반하고, 두 번 보면 스펙터클한 올가의 여행에 빠져듭니다. 표지에 네모나게 그린 올가의 창문 너머 빈 공간을 독자가 임의로 채우면서 풍성한 이야기를 첨가할 수 있어서 신나는 그림책입니다.

이 책은 돌발적인 사고로 달팽이 껍질 같은 자신의 공간과 함께 넘어진 올가가 키오스크와 함께 모험을 떠나는 환상적인 여정을 담고 있습니다.

이 그림책의 제목인 '키오스크'는 요즘 식당이나 카페에서 흔히 볼 수 있는 터치스크린 방식으로 주문하는 무인 단말기를 가리키는 용어인데, 이 그림책에서는 길거리의 간이 판매대나 소형 매점을 부르는 말로 쓰입니다. 복숭앗빛 볼이 사랑스럽고 통통한 아가씨 올가는 종일 키오스크 안에서 즐겁게 물건을 팔며 숙식까지 해결합니다. 한 평도 안 되는 키오스크 안에서 항상 친절하게 미소 짓는 올가….

그러던 어느 날 말도 안 되는 일이 벌어져 키오스크가 옆으로 쓰러지고, 갑자기 올가의 세상이 뒤집힙니다. 과연 올가는 여행 잡지 속에서 본 아름다운 노을이 지는 바다를 보며 환상적인 여행을 즐길 수 있을까요?

처음에는 이 그림책을 보고 마음이 불편했습니다. 좁디좁은 키오스크에서 숙식을 하다가 초고도 비만이 된 올가의 모습은 지난 2년간 코로나로 인해 재택근무를 하느라 살이 확 찐 나와 닮았습니다. 간이침대에 작은 양변기까지 갖추어진 키오스크 안에서 올가는 열량 높은 아이스크림과 과자를 돼지처럼 먹는 뚱뚱보입니다. 그런데도 그녀는 행복한 미소를 짓지요.

언젠가는 운동을 하고 식단 조절을 해서 살을 빼고야 말 거라고 결심하지만 결국 숨쉬기 운동만 하는 내 모습이 올가에게 보여서 그녀가 참 미웠습니다. 올가와 나를 동일시하는 마음은 올가가 키오스크에 갇혀 사랑도 못해 보고, 성인병으로 죽으면 어쩌나 하는 걱정에서 절정에 이르렀습니다. 급기야 그녀 머리맡에 놓인 알약 포장에 적힌 약 이름을 검색해 보았습니다. 다행히도 진통 해열제라는 걸 확인하고 안심했습니다.

올가와 나를 동일시하다가 스트레스를 받은 이유가 처음에는 초고도 비만인 올가가 나처럼 느껴져서 그런 줄 알았습니다. 그런데 다시 생각해 보니, 비좁고 궁상맞은 올가의 키오스크 안 풍경이 눈에 밟힌 것 같습니다.

『키오스크』를 처음 읽은 날 꿈을 꾸었습니다. 꿈속에서 나는 고1 때 살던 단독주택 부엌 위 다락방에서 책을 읽고 있었습니다. 중3 때 엄마가 일수놀이를 하다가 사기를 당해 아주 쫄딱 망해서 단칸 셋방으로 둥지를 옮겼습니다. 엄마는 남동생 둘과 나름 내외를 해야 한다고 벽 쪽에 붙은 다락방을 내 방으로 꾸며 주었습니다.

허리를 펴고 서면 머리가 닿는 천장에는 쥐 오줌 얼룩이 드문드문 보이고, 밤에 가끔 천장 위의 쥐들이 운동회를 하면 시끄러워 잠을 설치던 다락방이 나에게는 올가의 키오스크였습니다. 엄마가 혼수로 해온 새빨간 동백꽃을 수놓은 광목 침구를 깔면

한 뼘도 남지 않는 좁은 공간에 60촉짜리 전구가 주황빛으로 흔들리는 다락방이 나의 키오스크였습니다.

그곳에서 도스토옙스키의 『죄와 벌』을 읽었고, 헤밍웨이의 『누구를 위하여 종은 울리나』를 읽으며 격한 감동에 눈물을 훌쩍이기도 했습니다. 비가 오는 날에는 창문을 열고 빗방울을 즐기고, 다락 아래 부엌에서 엄마가 연탄불로 비계 두툼한 돼지 불고기를 굽는 냄새만 생각해도 입안 가득 침이 고이던 나만의 키오스크를 꿈에서 만났습니다.

여고 시절 다락방을 벗어나 교복을 입고 학교에 가면 늘 외롭고 불편했습니다. 저녁 무렵 도서관에서 폐기 처분한다고 체육실 창고에 버린 소설책을 가방이 미어터지게 이고 지고 가져온 날이면 다락방 키오스크는 알렉산드리아 도서관이 부럽지 않은 서가가 되었습니다. 푸르스름한 곰팡이를 탁탁 털어도 여전히 눅진한 소설책 페이지를 넘기면, 그 안에 청춘의 편린과 설렘이 진득하게 묻어났습니다.

여고 시절 뼈저린 가난을 업은 추억 여행을 꿈에서 경험한 다음 날 머리맡에 놓인 이 그림책을 다시 읽었습니다. 그런데 한 장 한 장 넘기다 보니, 처음 읽을 때와는 또 다른 감동을 받았습니다. 뚱보 올가가 세상에서 가장 아름다운 아가씨로 보이고 키오스크가 그녀를 행복하게 만드는 공간처럼 보였습니다. 키오스크는 벗어 버려야 할 공간이 아닌 그녀 자신의 자존감이고 삶이었습니다.

그림책 『키오스크』는 단편 애니메이션으로 먼저 선보였다고 합니다. 거침없는 선과 강렬한 색채를 즐겨 쓰는 아네테 멜레세의 일러스트는 고갱의 그림 <타히티의 여인들>처럼 따뜻하고 화려합니다. 기상천외한 상상력으로 올가의 환상여행을 따라가며 유쾌하게 읽은 어린이 독자나 꿈을 잃어 가는 어른에게도 생각할 거리를 주는 그림책입니다.

　키오스크가 옆으로 쓰러졌을 때, 당황하지 않고 벌떡 일어나 키오스크를 살짝 들고 성큼성큼 걸어 산책에 나선 올가의 대범한 행동과 회복 탄력성이 뛰어난 성격은 이 그림책을 읽는 독자들에게 놀라운 감동을 줍니다. 『키오스크』는 불행과 행운이 한 끗 차이라는 걸 알려 주는 그림책이고, 여행 잡지에 나온 아름다운 풍경을 눈 안 가득 담고, 키오스크 안에서 꿈꾸던 올가의 환상여행에 동행하게 되는 멋진 그림책입니다.

"그림책을 읽고
아버지를 용서한 남편"

『마음이 아플까 봐』

올리버 제퍼스 글·그림 | 이승숙 옮김 | 아름다운사람들

노란 표지에 파란 글씨로 제목을 쓴 이 그림책은 영국의 유명 작가이자 일러스트레이터인 올리버 제퍼슨의 작품입니다. 그는 말로 표현하기 어려운 주제와 소재를 군더더기 없는 이야기와 정갈한 그림으로 감동적으로 표현해 세계적인 아티스트로 떠올랐다고 합니다.

이 그림책에 나오는 소녀는 아무런 준비 없이 맞이한 할아버지의 죽음이 너무도 두려워서 마음을 유리병 속에 가두어 둡니다. 소녀가 스스로 병 속에 넣어 둔 마음이 병 밖을 나와 상처를 극복하고 스스로와 화해하기까지의 이야기를 작가는 아주 적은 분량의 글밥과 화면을 가득 채우는 명화 같은 그림으로 보여 줍니다. 31쪽에 걸쳐 그린 그림 속에 겨우 마흔두 줄의 문장만으로 말하는 이 책은 주로 이미지로 말합니다. 너른 종이에 펼쳐진 그림과 서너 줄의 글은 독자에게 울림을 줍니다. 최소한의 글이 전달하는 이야기는 그의 일러스트를 보는 독자의 기억과 정서에 따라 새롭게 쓰입니다.

표지를 넘기면 속표지에 할아버지와 다정한 한때를 보내는 아이의 추억이 드로잉으로 정겹게 펼쳐집니다. 갓난아기인 소녀를 안은 할아버지, 강아지를 데리고 함께 산책하는 할아버지, 무엇이든 뚝딱 고치는 맥가이버 할아버지 곁에서 까치발을 세워 무언가를 속삭이는 어린 소녀…. 작가는 이런 기억 속의 풍경을 17컷의 소묘로 속지 가득 그려 놓았습니다.

할아버지의 부재를 인정하고 싶지 않은 소녀는 너무나 두려워 '아주 잠시 잠깐만' 마음을 빈 병에 넣어 두기로 합니다. 슬픔을 받아들이기를 거부하는 소녀는 할아버지의 빈자리를 견디며 자랍니다.

그런 소녀의 가슴에 걸린 유리병은 할아버지와의 소중한 기억을 봉인한 채 그대로 곁에 머뭅니다. 어느덧 소녀는 아름답지만 웃음을 잃은 아가씨로 자랍니다. 어느 날 그녀는 가슴에 매달린 유리병이 버거워지고 유리병 속의 상처와 직면하고 싶어 유리병을 깨뜨리려고 하지만, 유리병은 깨어지지도 않고 병 속의 아픈 기억을 세상 밖으로 끄집어낼 수도 없는 절망스러운 짐이 됩니다.

『마음이 아플까 봐』의 소녀는 할아버지와 단둘이 살았던 듯합니다. 다른 가족은 없거나 혹은 소녀의 이야기에 귀를 기울이는 사람이 할아버지뿐이었던 것 같아요. 할아버지가 떠난 서재에 덩그러니 놓인 빈 의자를 망연히 바라보는 어린 소녀는 울지도 못합니다.

마음이 아플까 봐 자신의 마음을 유리병에 봉인한 소녀에게 작가는 입을 그려 넣지 않았습니다. 시간이 많이 지난 뒤 해변에서 오래전 자신처럼 호기심이 많고 상상력이 풍부한 어린 소녀를 만납니다. 소녀는 참새처럼 재잘거리며 이런저런 질문을 하지요. 어린 시절에 자기가 할아버지에게 물어보던 것처럼. 그러나 소녀는 마음을 유리병에 가둔 뒤로 입이 없으니, 어떻게 할까요?

이 작고 소박한 그림책 한 권이 남편을 펑펑 목놓아 울게 했습니다. 올리버 제퍼슨의 『마음이 아플까 봐』를 잠자기 전에 아이에게 읽어 주던 남편은 충격을 받았습니다. 어린 시절 가정 폭력으로 자신을 힘들게 한 아버지를 미워하던 기억과 성인이 된 뒤 가족에게 소외된 채 등돌리고 늙어 가던 아버지를 남몰래 용서하면서 연민하던 자신의 모습이 떠오른 것 같습니다.

이제는 괜찮다고, 다 잊었다고 아버지를 더 이상 미워하지 않는다고 남편은 그렇게 믿고 싶었는지도 모릅니다. 방광암 말기로 시한부 선고를 받은 아버지는 자신이 죽는다는 사실을 받아들이지 못하셨고, 가족들은 절망 속에서 삶을 마칠 아버님이 가여워 거짓말을 하며 아버님 곁을 지켰습니다. 얼마 남지 않은 시간은 덧없이 흘러갔고 아버지는 고통을 달래는 모르핀 주사로 죽음 같은 잠을 자다가 자식들에게 잘 있으라는 유언도 남기지 못하고 세상을 떠났습니다.

아버님이 떠나시던 날인 12월 7일에는 폭설이 내렸습니다. 밖으로 나가서 30분만 걷다 보면 흰 눈으로 덮인 거대한 눈사람이 될 정도로 눈이 엄청 많이 오는 날 아버님은 혼자 임종을 맞이했습니다. 오늘을 넘기기 어렵다는 의사의 말에 가족들이 장례 준비를 한다고 병실을 비웠을 때 돌아가신 거예요. 그날 우리 부부는 장례 수속에 필요한 서류를 챙기러 아버님 집으로 갔습니다. 남편은 아버님 책상 서랍에서 낡은 수첩 속에 끼워 넣은, 누렇게 바랜 10년 전 신문 쪼가리를 발견했습니다.

남편은 어린 시절부터 가정 폭력으로 아버지에게 상처받은 마음을 유리병 속에 봉인하고 애써 외면하며 살아왔던 것 같습니다. 아버님 역시 술에 취해 가족들에게 폭력과 폭언으로 힘들게 한 시간을 사죄하고 싶은 마음을 가슴 한 켠에 품고 기회가 오기를 기다리다 용기를 못 내신 것 같았습니다.

　남편은 아버지가 가족들에게 특히 아들에게 미안해하는 마음을 지녔음을 그 신문을 읽으며 알아차렸습니다. 그 신문 기사에는 가정 폭력으로 상처받은 자식들에게 진심을 다해 사과하고 세상을 떠난 노숙자 할아버지의 편지글이 적혀 있었습니다. 남

바다에 대한 신비로움으로 가득 차 있었습니다.

편은 "노친네도 그게 뭐라고 이렇게 마음에 담고, 다 잊었는데…."라고 혼잣말을 하며 눈물을 감추었습니다.

그날 밤, 불혹의 아들은 아버지의 차디찬 주검에 얼굴을 묻고 소리 죽여 울었습니다. 그러고는 장례식 내내 눈물 한 방울도 흘리지 않고 담담하게 아버님을 보내드렸습니다. 남편의 침묵 속에 담긴 그 막막한 설움이 무엇인지 짐작도 할 수 없는 나는 안타까웠지만 달리 위로할 방법을 몰랐습니다.

　아버님을 보내고 6년이 지난 오늘 남편이『마음이 아플까 봐』란 그림책을 아이에게 읽어 주다가 목놓아 통곡했습니다. 영문을 모르는 아이는 겁이 나는지 따라 울었고, 나는 우는 아이를 안고 나오면서 남편이 불편하지 않게 방문을 조용히 닫아 주었습니다.

　'병은 비었습니다.'

　소녀는 이제 마음을 품고 살아갑니다. 애도란 사람의 죽음을 슬퍼하는 것입니다. 슬픔을 드러내는 일은 사랑하는 사람의 부재를 받아들인다는 의미입니다. 소리 내어 우는 것도 떠나갔음을 인정하고 슬퍼하는 행위입니다. 이 그림책 속의 소녀는 처음에는 할아버지가 자신을 떠났음을 인정할 수 없는 어린아이였습니다. 그녀는 할아버지와 함께한 모든 일을 기억 속에서 밀어내는 몸짓으로 마음을 유리병에 넣어 둔 것입니다.

　마음의 사전적 의미는 '사람의 생각, 감정, 기억 따위가 생기거나 자리 잡는 공간이나 위치'라고 합니다. 나는 어린 소녀가 할아버지를 생각하면 마음이 아프니까 자신의 마음을 유리병에 봉인한 것은 참 다행이라고 생각했습니다. 보이지 않는 마음을 가두고 봉인하고 꺼내고 다시 품을 수 있다는 작가의 발상은 이 그림책을 치유의 그림책으로 다가오게 했습니다.
　『마음이 아플까 봐』는 눈물로 호소하지도 않으면서 심장을 뒤흔드는 진한 여운과 감동을 줍니다. 『마음이 아플까 봐』는 마법처럼 독자들의 묵은 상처를 끄집어내서 오랫동안 잊고 있었거나 혹은 외면하고 싶어서 내면 깊숙이 숨겨 둔 아픔, 상처들과 조용히 마주하게 합니다. 누구나 가슴에 봉인한 아픈 기억의 유리병을 하나씩은 숨겨 두고 있다는 메시지가 담긴 이 책은 울고 싶은데 울지 못하는 아픔을 일깨워 툭툭 털어내게 합니다.

"불편함을 익숙함으로 함께 즐기는
행복한 가족들의 일요일"

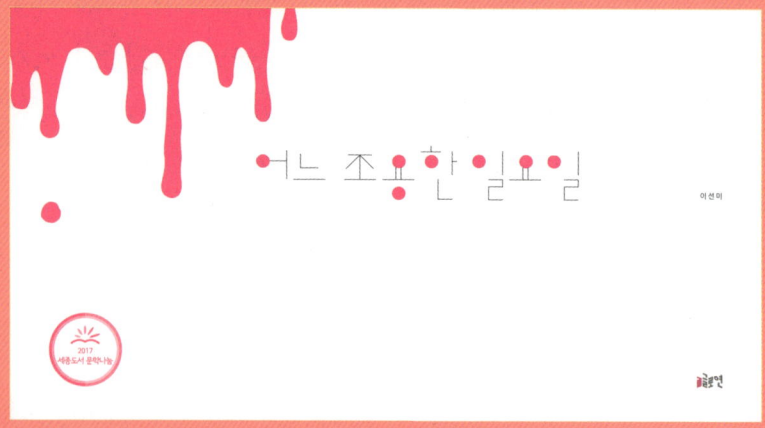

『어느 조용한 일요일』

이선미 글·그림 | 글로연

글 없는 그림책 『어느 조용한 일요일』은 관점에 따라 다양한 감정과 사유를 투영하면서 재미나게 읽을 수 있습니다. 제목과 달리 이 책의 일요일 풍경은 엄청나게 부산스럽고 충격적입니다.

이선미 작가는 지금의 어린이와 어린 시절을 지난 어른이 함께 공감하고 즐길 이야기를 이 그림책에 담으려고 했답니다. 이 그림책을 읽는 아이들은 엄청 신날 것 같아요. 그런데 어른인 나는 좀 당황스럽고 불편했습니다. 형광이 도는 분홍색 페인트가 사방으로 튀고, 바닥에 흥건히 고였다가 옷에 묻고, 나중에는 펄 침화면을 분홍색 페인트로 도배하기도 합니다.

이 그림책이 놀라운 건 글자 하나 없는 그림을 보면서 페인트 통이 지붕에서 떨어질 때는 "쿵!", 분홍색 페인트이 구를 때는 "떼구르르", 아이가 축구공을 공중으로 차올릴 때는 "쑤우웅!", 이런 식으로 소리 내어 읽게 된다는 점입니다. 새초롬한 고양이와 이 광경을 바라보던 참새들이 분홍색 페인트를 향해 날아드는 그림을 보면, 머릿속으로 고양이가 페인트를 밟는 "찰파닥 찰파닥" 소리와 참새들이 날개를 적시며 날아드는 "팔락팔락" 소리가 귀로 들립니다.

분명히 글이 없는 그림책인데, 머릿속에서 글이 떠오릅니다. 참새가 나타나면 "짹짹", 고양이는 "야옹", 축구공이 페인트 위에 떨어지면 "철퍼덕!" 하는 식으로 글이 상상됩니다. 분홍색 페인트가 튄 옷을 입고 페인트가 묻은 손을 보는 남자아이가 나라고 생각하면 손바닥에 축축하고 끈적이는 페인트가 느껴집니다.

이 그림책의 서사는 지붕을 칠하려고 올려놓은 페인트가 저절

로 '콰당' 하고 떨어지는 어느 일요일의 사건으로 시작합니다. 강아지 멍멍이가 달려와 분홍색 페인트로 '철퍼덕 철퍼덕' 하고, 이걸 본 아이도 '풍덩' 몸을 던져 '찐득찐득'하고 이상한 불쾌감과 함께 왠지 시원한 해방감을 즐기는데, 어디선가 '떼구르르' 굴러온 축구공도 페인트에 '풍덩' 하고 빠집니다. 이 그림책을 읽으면 상상은 해 보지만 절대로 실현 불가능한 놀이를 실제로 하는 것 같은 대리 만족을 느끼게 됩니다.

    여자아이의 로망은 대개 '분홍색'입니다. 물론 안 좋아하는 아이도 있지만 대체로 분홍색을 좋아합니다. 어른들도 분홍색 립스틱을 즐겨 바르고, 화장할 때도 분홍 색조의 볼 터치를 선호합니다.『어느 조용한 일요일』은 분홍색 페인트를 온몸에 뒤집어씁니다. 정말 환상적인 경험일 것 같습니다. 비 오는 날 물웅덩이만 첨벙거리고 밟았는데도 꾸지람을 들은 적이 있습니다. 그래서 장화나 우비를 입어야 소심하게 물웅덩이 속으로 걸어갈 정

도만 허용하는 제가 페인트를 밟고 뒤집어쓴다고 생각하니 짜릿합니다.

　이선미 작가의 센스를 확인할 수 있는 뒤표지 그림을 보면 페인트 통 손잡이가 그려져 있습니다. 자세히 보면 이 그림책 자체가 지붕 위의 페인트 통입니다. 엄마가 수압이 센 호스로 물을 트는 장면을 보면 『어느 조용한 일요일』의 해프닝은 해피 엔딩으로 끝날 것 같지요.

　큰아이가 다섯 살 때 집에서 엄마와 함께 오감놀이를 하고 완성된 작품을 사진으로 찍어 보내는 유치원 숙제가 있었습니다. 먼저 거실에서 김장할 때 바닥에 까는 비닐을 청테이프로 고정해 붙였습니다. 그 위에 하얀색 전지를 양면테이프로 붙이고 아이에게 흰색 박스티를 입혔지요. 아이는 색색 물감을 짜 놓은 전지 위에서 발바닥 도장을 찍으며 나비처럼 나풀나풀 춤을 추었습니다.

조그맣고 귀여운 아이의 파란 발바닥, 분홍 발바닥, 노란 발바닥 도장 그림이 멋진 액션 페인팅 작품으로 완성되었다 싶었습니다. 그 순간 아이가 갑자기 눈동자를 좌우로 굴리고 까르르 웃더니 나를 보고 씨익 웃고는 후다닥 비닐을 깔지 않은 거실 마루로 달려갔습니다.

나는 "안 돼!" 하고 소리를 지르며 아이를 잡으러 가고, 아이는 자기 방 침대에 올랐다가 다시 거실 전지 위의 물감을 잔뜩 묻히고 주방으로 달아났습니다. 나는 아이를 잡으려고 달리다가 미끄러운 비닐 위로 벌러덩 자빠졌습니다. 아이와 나의 옷은 물감으로 뒤범벅되었습니다. 골반이 나간 듯한 고통을 참으며 아이를 잡아서 더 이상 못 움직이게 품에 안았는데, 아이가 해맑게 웃으며 파란 물감을 자기 얼굴과 내 얼굴에 발랐습니다.

생각하기도 끔찍한 그날, 가장 기억에 남는 장면은 해병대 군인들이 바르는 위장 진흙처럼 파란 물감을 잔뜩 얼굴에 바른 채 웃던 아이의 유독 새하얀 앞니입니다. 거실 바닥 원목 마루 사이에 촘촘히 박힌 파란 물감과 분홍 물감을 닦는다고 아세톤을 묻힌 면봉으로 비빈 그날의 기억이 이 그림책과 맞물려 처음에는 무지 불편했습니다.

그때의 아이가 커서 이제 스물일곱 살 직장인이 되고 남자친구도 생겼습니다. 이 그림책을 보고 만약에 딸이 손녀를 낳아 준다면 분홍색 물감을 뒤집어쓰는 오감놀이를 손녀딸과 함께해 보면 어떨까 생각하는 나에게 깜짝 놀랐습니다. 옷이야 갈아입으면 되고 물감이야 씻으면 되는데, 무슨 걱정?

다시 그림책 사건으로 돌아가 보면 물감을 뒤집어쓴 축구공이 날아가 아빠 차에 도장을 찍습니다. '철퍼덕' 물감 웅덩이에 몸을 담근 참새가 엄마 앞치마로 날아가 분홍 꽃물을 들입니다. 나중에는 눈동자만 남기고 전체 펼침화면이 예쁜 분홍색 천지입니다.

그림의 역동적 흐름을 따라가며 서사를 메우는 일은 글 없는 그림책을 읽고 상상하는 독자의 몫입니다. 피할 수 없으면 즐겨야지요. 시간을 되돌릴 수 있다면 지붕 위의 페인트가 굴러떨어지지 않는 시점으로 돌아가야 하지만, 후회해도 소용없습니다. 이 그림책은 독자가 글을 상상하면서 이야기를 만들어 가는 책인데, 그 비법은 에필로그 격인 부록에 있습니다.

같은 사건을 바라보는 등장인물의 각기 다른 정서와 생각을 글로 옮긴 네 가지 작가 버전이 나옵니다. '어느 조용한 일요일 엄마는….' '어느 조용한 일요일 아빠는….' '어느 조용한 일요일 아이는….' '어느 조용한 일요일 이웃집 할머니는….'으로 설정된 글 있는 그림책은 같은 상황 속 다른 생각을 유쾌, 상쾌, 신선하게 그리고 있습니다. 『어느 조용한 일요일』은 한 권 값으로 네 권을 읽는 가성비 최고의 그림책입니다.

"시를 품은 그림책 넉 점 반"

『넉 점 반』

윤석중 시·이영경 그림 | 창비

아장아장 걸을 때 기억이 난다고 하면 거짓말 같을까요? 동생이 태어나기 전 엄마 등에 업혀서 해 질 녘 귤빛 전봇대 아래서 아빠를 기다린 기억이 납니다. 고가의 손목시계는 혼수 예물로나 가져 볼 그즈음 엄마는 나를 업고 아빠 마중을 나갔습니다.

"아빠 언제 와?" 하고 물으면, 엄마는 포대기로 업은 나에게 자신의 정수리를 손가락으로 짚어 보라 하셨습니다. 그런 뒤 엄마가 "아빠는 어디만큼 왔을까?" 물으면 나는 엄마의 뒷덜미를 한 뼘씩 짚으며 "요만큼 왔지!" 하고, 다시 "어디만큼 왔니?" 물으면 까르르 웃으며 "요만큼!" 하고 소리를 질렀습니다. 아빠는 엄마 정수리를 내 검지로 콕콕 열 번 이상 찍어야 막걸리 냄새를 풍기며 달려왔습니다.

『넉 점 반』을 읽으면서 어린 시절이 생각났습니다. 내 키만 한 괘종시계가 어둠을 두드리던 주인집 마루에서 느낀 공포도 떠오르고, 각시풀을 엮어 손목시계를 만들어 차고 『이상한 나라의 앨리스』에 나오는 토끼처럼 바쁜 척 뛰어다니던, 사실은 시계를 볼 줄 모르던 예닐곱 살 그때가 울컥 그리워집니다.

시계가 귀하던 시절, 엄마는 아이에게 가겟방에 가서 지금 몇 시인지 물어보고 오라고 심부름을 시킵니다. 아이는 혹시라도 까먹을까 봐 "넉 점 반, 넉 점 반…."을 되뇌며 집으로 돌아갑니다. 과연 아이는 엄마가 준 임무를 잘 마칠 수 있을까요? 달큰하고 향긋한 분꽃 넝쿨을 무사히 지나면서요?

『넉 점 반』은 『아씨방 여섯 동무』를 그린 이연경 작가가 윤석중 시인의 시 「넉 점 반」을 1960년대의 그리운 풍경으로 소환해서 재현한 '시 그림책'입니다. 그림의 시선은 아이의 동선과 공간을 따라가며 잡은 줌카메라 렌즈 같습니다.

아이가 가게로 들어가는 한 컷을 보면 유리문 앞에서 까치발을 돋우고 바라보는 모습인데, 클로즈업된 그림은 고장 난 트랜지스터를 고치는 영감님의 전면 모습입니다. 이 장면에는 추억 속의 물건들이 종합선물세트처럼 자리합니다. 주판알, 외상을 기록한 작은 수첩, 육각 성냥, 재떨이 등을 보면 반갑고 정겹습니다. 이렇듯 자세한 묘사가 돋보이는 그림을 보니 어릴 적 기억이 겹쳐집니다.

'구복상회' 영감님은 마치 젊어서 일본 유학을 다녀온 인텔리 같습니다. 학사모를 쓴 사진액자나 바닥에 펼쳐진 신문을 보니 그런 생각이 듭니다. 영감님은 가게뿐만 아니라 복덕방도 하고 트랜지스터도 수리하고 자전거도 탑니다.

속표지 왼쪽에는 어릴 적 거실에 걸린 커다란 괘종시계가 보이고 '그리움을 담아 우리의 어머니, 아버지에게 바칩니다.'라는 윤석중 작가님의 헌사가 적혀 있습니다. 사실을 확인할 수는 없으나 '구복상회' 영감님이 윤석중 작가의 아버님이 아닐까 싶은 생각이 살짝 들었습니다.

아기가 "영감님, 시방 몇 점이에요?" 하고 묻는 장면에서는 가게 안 풍경으로 바뀝니다. 어릴 때 먹던 비타민 '원기소' 광고 전단이 벽에 붙어 있고, 비닐우산도 보이고, 댓돌 위의 고양이, 선반 위의 소주병, 파리채 등 오랫동안 잊고 있던 추억의 물건들이 있습니다.

그다음 그림의 시선은 가겟방을 나서는 아이의 눈동자로 옮겨집니다. 구복상회 앞에서 세숫대야에 올라타고 물을 마시는 닭으로 이동합니다. 아이보다 서너 배는 크게 그린 닭이 물 먹는 모습을 아이가 골똘히 바라보는데, 그 시선이 예사롭지 않습니다.

'넉 점 반'은 옛말로, 요즘 말로 하면 '네 시 반'을 뜻합니다. 아이는 혹여라도 넉 점 반을 까먹을까 봐 집으로 돌아가면서 "넉 점 반, 넉 점 반"을 입으로 되뇌면서 갑니다.

그림책의 시간은 거꾸로 흐를 때도 있고, 한발 앞서 나가기도 합니다. 이 그림책 속 시간은 아이와 함께 갑니다. 물 한 모금 먹고 하늘 쳐다보고, 물 두 모금 먹고 하늘 한 번 더 쳐다보는 닭을 보다가 한 점이 가고, 먹이를 물고 줄지어 가는 개미 떼를 따라 종종걸음을 옮기다 보면 해가 뉘엿뉘엿 넘어갑니다. 바쁠 것도 없고 급할 것도 없는 아이의 시간은 오리무중입니다.

지금은 스물일곱 살인 큰딸에게도 넉 점 반의 시간이 있고, 중학교 2학년인 작은딸에게도 넉 점 반의 기억이 있습니다. 두 아이를 키우면서 맞이한 엄마의 넉 점 반은 그때그때 달랐습니다.

그림책을 만나기 전 나는 아이의 눈높이로 시간을 함께하지 못했습니다. 늘 쫓기듯 살아가는 엄마의 시간을 아이에게 강요하며 "빨리, 빨리 와. 꾸물거리지 말고!"를 외쳤습니다.

상상력이 풍부하고 착한 큰딸의 넉 점 반은 등굣길 여덟 점 반이 되어 당혹스러운 사건 사고를 만들기도 했습니다.

"어머니, 채원이가 아직 학교에 안 왔는데 무슨 일이 있나요?"

이런 전화를 받고 아이를 찾아 나서면 놀이터 앞 벤치 아래 앉아 있는 아이를 보게 됩니다. 땀을 뻘뻘 흘리며 호박 잎사귀를 양 손에 들고 있는 아이를 본 나는 안심이 되면서도 화가 나서 야단을 칩니다.

"너 여기서 뭐 하는 거야?"

아이는 나를 보자 갑자기 울면서 더듬더듬 말합니다.

"학교 가야 하는데, 달팽이 등껍질이 깨져서…. 햇볕이 너무 뜨거운데…. 달팽이는 집이 없어요."

그제야 아이의 발아래 꼬물거리는 무언가를 발견했습니다. 등껍질이 바스러진 새끼손톱만 한 민달팽이가 아이가 만든 호박잎 그늘 아래 벌거벗은 몸을 숨기고 있습니다. 아이는 달팽이가 말라 죽을까 봐 놀이터 입구에서 수돗물을 한가득 입에 물고 조금씩 뱉어 주느라 학교에 갈 수 없었다고 합니다.

나는 달팽이를 집에 데리고 가서 배춧잎을 덮고 돌봐 주겠다고 달래서 교실로 들여보냈습니다. 안타깝게도 달팽이는 집으로 데려온 뒤 사흘 만에 죽었습니다. 아이가 스프레이로 물을 뿌리고 상춧잎으로 집도 만들어 주었는데….

그 이후에도 길고양이의 밥을 주다 지각하고, 개미 굴을 파다가 불개미한테 물려 응급실에 가는 등 사건이 벌어졌습니다. 큰아이의 호기심과 세상 바쁠 게 없는 엉뚱함을 통해 아이들의 '잠깐'이 어른들의 '한참'과는 많이 다르다는 점을 깨달았지요.

작은아이의 넉 점 반은 엄마와 함께하는 무한 시간입니다. 집에서 학교까지 7분 남짓 되는 등굣길을 동행하면서 아이가 느끼는 시간을 나도 함께 즐기고 싶었습니다. 우리 아파트 동과 동 사이에 평상이 놓인 길목이 있습니다. 날마다 아이의 손을 잡고 그 평상 옆을 지나쳐 학교로 갔습니다. 평상은 아이와 나의 비밀스러운 놀이터입니다. 가다가 주위를 둘러보고 아무도 안 보이면 아이의 손을 잡고 평상에 벌러덩 누워 파란 하늘을 함께 보며 노래를 불렀습니다. 사람이 지나는 인기척이 느껴지기 전에 누리는 잠깐의 시간이지만 하늘에 흘러가는 흰 구름과 초록 잎사귀에 부딪혀 산산이 흩어지던 황금빛 햇살 가닥이 아직도 생생하게 떠오릅니다.

채 3분도 안 되는 순간일 뿐이지만, 초등학교 등굣길에서 맞이한 여덟 점 반은 하루하루가 신선하고 흥겨웠습니다. 아침 등굣길에 만나는 바람에게도 '안녕!' 하고, 나뭇잎한테도 '안녕!' 안부를 묻고, 경비실 옆 길고양이에게도 '안녕!' 하는 등굣길의 넉 점 반은 아이에게 하루의 시작이자 온 우주와 만나는 설레는 시간이었습니다.

교문 앞까지 가서 아이 볼에 입을 맞추며 아쉬운 이별을 하는 내게 교장 선생님은 "어, 어머니 여기서 이러시면 아니되옵니다." 하며 놀리곤 했지요. 일하는 엄마라서 아이와 함께할 시간이 상대적으로 부족한 내게 아이의 눈높이로 함께하는 등굣길은 힐링의 시간이었습니다.

이 그림책에서도 엄마의 심부름을 다녀온 아이의 시간은 해가 꼴깍 넘어가도 여전히 '넉 점 반'입니다. 찬찬히 책장을 넘기면 아장아장 마을 산책을 하는 아이의 발자국을 따라 추억 속의 풍경이 마음속으로 성큼 다가오는 경험을 하게 됩니다.

어릴 때 엄마가 콩나물 심부름을 시키면 한달음에 달려갔던 기억이 납니다. 가겟방 아저씨가 맛보기로 주던 하얀 눈깔사탕 먹는 재미도 있었고, 전축 가게에서 흘러나오는 최신 유행가를 들으며 집으로 오는 길도 신이 났습니다. 콩나물을 가득 담은 바가지를 머리에 이고 엉덩이를 실룩대며 집에 오면 콩나물이 절반도 안 남았더란 엄마의 이야기에 저절로 웃음이 나옵니다. 콩나물 심부름처럼 그림책 『넉 점 반』 속 여자아이의 한나절 심부름 길은 정말 아름답고 정겹습니다.

시를 품은 그림책 『넉 점 반』을 읽으면서 아이의 시간을 마음으로 품을 수 있어서 좋았습니다. 입술이 빨갛게 물들도록 붓꽃잎을 빨아 먹던 어느 봄날 풍경을 소환하면, 손바닥만 한 쪽유리를 달고 얼굴만 빼꼼히 내밀며 거스름돈을 내주던 국수 가게 곰보 할머니도 보고 싶고, 문방구에서 팔던 플라스틱 손목시계도 생각납니다. 시 그림책 『넉 점 반』을 읽으면, 지금 그분들은 어디서 잘 살고 계시는지 안부를 묻고 싶어집니다. "시방 몇 점이유?" 하고 정겹게 묻던 오래전 얼굴들이 떠오릅니다. 그림책 『넉 점 반』을 읽으며 시간 여행을 한 것 같아 행복합니다.

"늘 같은 실수를 하는 뒤풍 교수님"

『앵무새 열 마리』

퀸틴 블레이크 글·그림 | 장혜린 옮김 | 시공주니어

퀸틴 블레이크의 그림을 참 좋아합니다. 자유분방한 선과 밝고 선명한 색채감, 만화를 보는 듯 유머 감각이 녹아 있는 유쾌한 일러스트는 소장하고 싶은 예쁜 그림으로 가득합니다. 퀸틴 블레이크가 글을 쓰고 그림도 그린 『앵무새 열 마리』는 이렇게 시작합니다.

'뒤풍 교수님은 앵무새 열 마리를 키웁니다. 교수님은 앵무새들을 무척 아꼈지요.'

이 문장과 함께 나오는 그림에는 나뭇가지 위에 앉은 각기 털 색깔이 다른 앵무새 열 마리가 나옵니다. 침대에서 벌떡 일어나 샤워를 하고 옷을 입고 넥타이를 맨 교수님은 늘 하던 대로 안경을 쓰고 아래층으로 내려와서 온실로 갑니다. 그러고는 "안녕, 나의 멋진 깃털 친구들!" 하고 앵무새 열 마리에게 인사를 합니다. 아침마다 어김없이 똑같은 말을 하는 아저씨 때문에 앵무새 열 마리는 머리가 돌아 버릴 것 같습니다. 그래서 교수님을 놀려주려고 온실 한쪽 귀퉁이 깨진 유리창 틈으로 한 마리씩 한 마리씩 도망쳐 숨어 버립니다. 이튿날 아침 늘 하던 대로 팔을 활짝 벌리고 앵무새들에게 아침 인사를 하려는데, 앵무새가 한 마리도 안 보입니다. 정말로 날마다 똑같은 말을 하는 뒤풍 교수님이 싫어서 앵무새 열 마리는 숨바꼭질하는 걸까요?
열 마리 앵무새의 생김새와 깃털 색은 한눈에 보아도 완전히 다르고, 각기 다른 아름다움을 지니고 있는데, 뒤풍 교수는 집 안에 숨은 앵무새 열 마리를 단 한 번도 찾아내지 못합니다. 왜 그럴까요? 일상이 반복되는 어느 날 비일상적인 사건이 일어난다면, 어떻게 대응하면 좋을까요?

이런 궁금증을 일으키는 그림책 『앵무새 열 마리』는 유아들이 1부터 10까지 세는 숫자놀이 그림책으로 더 알려져 있습니다. 독자 눈에는 잘 보이는데, 앵무새들의 은신처를 뜬 눈으로 못 찾는 답답한 뒤풍 교수님만 당황스러운 '숨은 그림 찾기' 놀이이기도 합니다.

앵무새들이 정말로 뒤풍 교수님이 싫고 온실이 싫었으면 훨훨 날아서 멀리멀리 도망갔을 테지요. 그런데 이 앵무새 열 마리는 집 안을 벗어나지 않고 뒤풍 교수님을 피해 숨을 뿐입니다. 날마다 똑같은 시간에 자고, 날마다 같은 일을 하고 앵무새 열 마리에게 "안녕, 나의 멋진 깃털 친구들!" 하고 인사말을 하는 교수님은 재미없고 따분한 사람입니다.

책표지에 나오는 앵무새는 열 마리가 아니고 아홉 마리입니다. 나머지 한 마리는 어디에 있을까요? 힌트는 뒤표지에 있습니다. 퀸틴 블레이크의 그림책은 마치 유머지수를 시험하는 것 같습니다. 그림책을 한 장씩 넘길 때마다 술래잡기하듯 요기조기 숨은 앵무새들을 한 마리에서 열 마리까지 숫자를 세면서 찾다 보면 신바람이 납니다.

뒤풍 교수님은 왜 앵무새들이 자꾸만 사라졌다가 다음 날 아침이면 다시 나타나는지 고민해 봐야 합니다. 앵무새들이 단체로 탈출을 시도하는 그날이 오기 전에 뒤풍 교수님은 자기 성찰을 해 봐야 합니다. 날마다 똑같은 인사말을 하는 뒤풍 교수님의 따분한 앵무새 사랑은 '어떤 사람에게는 정말 이해할 수 없는 일'이라는 마지막 글을 읽으면 공감이 갑니다.

나는 주의력이 떨어지고 산만한 아이, 뭐든 잘 잃어버리고 준비물 빠뜨리고 다니는 아이, 이런 말을 엄청 듣고 자랐습니다. 요즘에도 동생들하고 모임을 하면, 음식을 옷에 흘리거나 수저를 테이블 밑으로 떨어뜨리곤 합니다. 그때마다 "이 언니 손이 많이 가네." 하면서 닦아 주고 새 수저를 가져다줍니다.

반백 년을 살아도 변하지 않는 사람이 있습니다. 바로 나입니다. 부산스럽고 내 물건 못 챙기는 건 여전합니다. 어릴 때부터 엄마한테 잔소리도 많이 듣고, 혼난 덕분에 나쁜 습관을 고쳤을까 돌아보면 그건 아닙니다.

잔소리도 자주 들으면 자장가가 됩니다. 잘못을 지적하기 전에 왜 그게 문제인지 친절하게 얘기해 주고 야단을 쳤다면 나도 정신을 차리고 조금씩 고치려고 했을 텐데 엄마는 무턱대고 야단만 치고 노려보았습니다. 엄마가 나를 미워한 나머지 앞쪽에 달린 두 눈이 뒤로 돌아가면 어쩌나 근심에 빠진 적도 있을 정도였지요.

초등학교 다닐 때는 비가 자주 오고 많이 왔습니다. 보슬보슬 내리던 봄비가 그치면 빗발이 튼실한 소나기가 내렸습니다. 가방을 메고 집을 나서는데 우산이 딱 하나 보였습니다. 아빠가 한 개 가져가고, 남동생이 하나 가져간 뒤에 남은 한 개는 막냇동생이 유치원에 갈 때 쓰고 가야 합니다. 그러고 보니 내 우산은 없습니다. 아니 있었는데, 어제 학교 앞 버스 정류장에서 친구들과 장난을 치다가 바람에 날아가 커다란 화물차 바퀴에 깔려 찌부러졌습니다.

엄마는 비가 올 때마다 우산을 들고 가서 망가뜨리거나 잃어버리고 오는 나한테 화를 내지도 않았습니다. 그냥 우산 없이 학교에 가라고 했습니다. 암만 생각해도 주워 온 아이인 것 같았습니다. 엄마는 내 엄마가 아닌 게 분명했지요.

녹슨 철 대문을 '쾅' 하고 닫고 비를 맞으며 학교로 갔습니다. 책가방을 머리 위에 올리고 비를 가려 보지만 비닐 가방 위에 고인 빗물이 낙숫물 쏟아지듯 어깨 위로 흘렀습니다. "나쁜 엄마, 계모 같은 엄마야."라고 말하며 울면서 학교에 갔습니다.

수업 마치는 종이 울렸습니다. 하늘에 구멍이 뚫린 듯 폭우가 쏟아졌습니다. 우산도 없는데, 친구들이 같이 가자고 하는데 노트 정리할 게 있다며 먼저 가라고 했습니다. 빗발은 더욱 굵어지고, 천둥 번개가 치면서 하늘은 어둑어둑해졌습니다.

혹시나 해서 창밖으로 1층 현관을 보는데, 엄마는 보이지 않았습니다. 비를 맞으며 교문을 나서는데, 큼직한 호박잎이 담쟁이 덩굴 옆에 듬성듬성 난 게 보였습니다. 내 얼굴 크기의 호박잎을 다섯 장 정도 따서 포갠 뒤에 운동화 끈을 풀어서 줄기를 묶은 후 망토처럼 만들었습니다. 꺼끌꺼끌한 호박잎이 따가웠지만 그래도 흠뻑 젖어서 집에 가느니 호박잎 망토라도 있으면 비를 덜 맞을 것 같았습니다.

호박잎 망토를 목에 두르고 가방을 머리 위로 치켜들고 눈을 감고 뛰었습니다. 창피했지만 다른 사람들이 이상하게 쳐다보는 걸 내 눈으로 안 보면 된다는 생각에 그랬습니다.

눈을 꼭 감고 한참을 뛰다가 어딘가에 '쿵' 하고 부딪혔습니다. 익숙한 냄새, 코티 분 냄새가 났습니다. 엄마입니다. 눈을 떴습니다. 우산을 쓴 엄마의 다른 손에는 나 주려고 가져온 우산이 보였습니다.

"고새를 못 참고 달려 나오면 어떡하냐? 비 맞으면 감기에 걸리는데…."

우산을 안 줄 땐 언제고 갑자기 착한 척한다는 생각도 들었지만, 말은 안 했습니다. 호박잎을 엮어서 만든 내 우비를 보고 엄마는 기침까지 하며 웃었습니다.

"인물은 인물이다. 잘 만들었네. 재주도 좋네."

지금도 잊히지 않는 신나는 엄마의 말입니다.

가끔은 물건을 잃어버린다고 욕도 하고 알밤도 먹이는 엄마가 정말 미웠습니다. 그런데 엄마가 모르는 점이 있습니다. 나도 마음먹으면 우산 정도는 잃어버리지 않을 수 있습니다. 내 밑으로 남동생이 둘입니다. 가부장적이고 남존여비 사상에 젖은 엄마는 나보다 동생들을 더 챙겼습니다. 무슨 일이든 "여자가…." 혹은 "기집애가…."라고 시작하는 말로 지청구를 주었습니다.

물건을 잃어버리고 못 챙기는 습관은 어쩌면 엄마의 관심을 받고 싶은 내 마음이 시킨 '땡깡'이었을지도 모릅니다. 물론 핑계 같은 얘기라 설득력은 없지만, 엄마가 나를 걱정하는 게 은근히 고소하고 좋은 적도 많았거든요.

지금까지 잃어버린 우산을 다 모으면 트럭 한 대는 채울 것 같습니다. 그런 내가 보기에도 주위를 잘 살피지 못하고, 잃어버린 것도 못 찾고, 앵무새들이 자기를 불편해하는 이유도 알려고 하지 않는 뒤풍 교수님의 지루한 일상을 보니 참 답답하다는 생각이 듭니다. 과연 앵무새 열 마리가 뒤풍 교수님을 피해 숨바꼭질을 하지 않으려면 어떻게 해야 할까요?

정신을 차리고 집중해서 보면 앵무새 열 마리를 금방 찾을 텐데요. 사실 앵무새들은 뒤풍 교수님과 술래잡기를 하고 싶은 게 아닐까요? 앵무새들이 정말 원하는 건 관심과 사랑일 거라는 생각이 듭니다.

어린 시절의 나 역시 우산을 잃어버리지 않으려고 주의를 기울였으면, 엄마 복장을 터지게 안 했을 텐데요. 나는 왜 그렇게 물건을 잘 잃어버리고 다녔을까요? 엄마가 오죽하면 초등학교 4학년 딸에게 우산을 안 주고 학교에 가라 했을까 생각하니 마음이 아픕니다. 우산 없이 비 맞으면 정신을 차릴 것 같아서 극약처방을 내린 건데도 내가 만든 호박잎 망토 우비가 진짜로 멋져서 기분이 좋았습니다.

지금도 물건을 잘 잃어버립니다. 하지만 그 잃어버린 물건 찾기 때문에 힘들지는 않습니다. 기다리면 나오거나 필요하면 다시 삽니다. 세 살 버릇 여든까지 간다는데 그 말이 딱 맞습니다. 앵무새 열 마리를 지치게 한 뒤풍 교수의 습관은 고쳐질까요?『앵무새 열 마리』는 엄청 재미난 반전이 기다리는 그림책입니다.

"그리운 풍경을 소환하는 그림책"

『나의 독산동』

유은실 글 · 오승민 그림 | 문학과지성사

구로동, 가리봉동, 독산동은 성장 배경이 되어 준 곳입니다. 그래서 그림책 『나의 독산동』 표지만 보고도 가슴이 콩닥콩닥 뛰었습니다. 유리창 안에서 작업복을 입고 스카프를 머리에 두른 아주머니들의 모습도 눈에 익고, 칙칙한 회갈색 배경에 듬성듬성 자란 풀꽃도 낯설지가 않았습니다. 나는 바탕까지 빼곡히 채운 명화 스타일의 그림책을 좋아합니다. 특히 오승민 그림 작가가 주로 사용한 코발트블루색은 정말 예쁩니다.

이 그림책의 주인공 은이는 나쁜 동네에 살고 있습니다. 가난한 사람들이 사는 공장지대 독산동을 어른들은 '못사는 사람들의 동네' '공장 굴뚝에 매연 냄새가 코를 찌르는, 사람들이 살기 나쁜 동네'라고 부릅니다.

'이웃에 공장이 있으면 생활하기 어떨까?'라는 객관식 문제에 주인공 은이는 자기가 사는 독산동을 생각하고는 '매우 편리하다.'라고 1번을 답으로 적습니다. 선생님은 시험지에 빨간펜으로 틀린 표시를 하고는 왜 1번이 틀린 답인지 묻는 은이에게 이렇게 말합니다.

"공장이 많으면 살기가 나쁘잖아, 이 동네처럼. 교과서에도 그렇게 나와 있다."

사회 시험 문제의 정답을 이해할 수 없는 은이의 슬픔을 그림 작가는 세상에서 가장 아름다운 색깔들을 섞어서 은이만 아는, 아니 독산동 사람들만 볼 수 있는 환상적인 독산동으로 그립니다.

　이 그림책의 절정은 뒷부분 속지에 펼침화면 가득 그린 검푸른 하늘에 뜬 샛노란 별입니다. 샛노란 별들을 점점이 이어서 쓴 '친구, 반짝, 엄마, 동생, 꿈, 사랑해, 가족, 동네, 공장, 비행기, 잠'이란 글자 속에 은이가 사랑하는 아름다운 독산동의 추억 속 풍경을 소환합니다. 나도 어릴 때 이 그림책에 그려진 것과 같은 따스한 불빛을 기억합니다.

　내가 자랄 때는 형광등을 켜는 집보다는 30촉, 또는 60촉짜리

교과서 만드는 사람도
우리 선생님도 잘 모른다.

둥그런 전구를 켜는 집이 많았습니다. 집마다 기다란 전깃줄에 매달린 오렌지빛 전구가 흔들리며 별처럼 빛났습니다. 그때는 하늘에 별도 많았지요. 새까만 하늘에는 별이 빛나고 낮은 지붕 아래에는 유은실 작가가 마지막 페이지에 묘사한 오렌지빛 전구 불이 창가를 밝힌 환상적인 풍경이 펼쳐집니다.

나는 독산동이 아니라 구로동에서 자랐습니다. 소규모 가내 수공업 형태의 공장지대와 인접한 우리 동네에는 '공돌이, 공순

이'라고 불리는 산업역군들이 세를 사는 집이 많았습니다. 해가 뉘엿뉘엿 기울면 골목길 입구에는 "그만 놀고 밥 먹으러 들어오라."며 친구들을 부르는 엄마들의 목소리가 도돌이표처럼 맴돌았습니다. 골목길에서 놀던 친구들이 삐걱거리는 철제문을 열고 사라지는 시간에도 골목길 입구에 자리한 가발 공장은 밤새 불을 끄지 않고 야근을 하느라 부산스러웠습니다.

지금도 어릴 때 살던 구로동을 떠올리면 저녁에 엄마가 차려 주던 저녁 밥상이 그립습니다. 연탄불 위에서 보글보글 끓던 된장찌개와 뽀얀 김을 올리는 흰 쌀밥 공기, 그리고 그 옆에 각자 먹기 좋게 손바닥만 한 크기로 네모나게 오린 김이 생각납니다. 그때는 신문지 위에 김을 펴고 소금과 참기름을 바른 후 김을 구웠지요. 몇 조각 안 되는 김을 혀끝으로 녹이며 조금씩 조금씩 아껴 먹던 가난한 어린 시절의 저녁 밥상이 눈물겹게 그립습니다.

중학교는 독산동에 있었습니다. 구로동 집에서 버스를 타고 구로공단 입구에서 다시 갈아타고 학교에 다녔지요. 지금도 성냥갑에 일렬로 꼿꼿이 세워 담은 성냥개비처럼 만원버스 안에 켜켜이 구겨서 타던 등굣길을 잊을 수 없습니다. 승객의 절반이 학생이면 나머지는 구로공단으로 출근하는 산업역군이었지요.

철길을 사이에 두고 시뻘건 흙산 주변에 촘촘하게 지어진 공영 주택과 무허가 판자촌이 가득한 1970년대 구로동은 서울의 변두리 중 변두리였습니다. 낮은 동산조차 보기 힘들고 진창길과 먼지 날리는 비포장도로 일색인 구로동에서 초등학교와 중고등학교 시절을 보내고 대학교에 갔습니다. 그제야 내가 사는 동네를 대하는 세상 사람들의 편견에 직면했습니다.

  미팅 날 각자 소지품을 꺼내 탁자 위에 올리고 파트너를 정했습니다. 내 파트너는 명문대 영문과 학생이고 잘생긴 데다가 귀티가 줄줄 흘렀습니다. 파트너를 정하고 나서 호구 조사를 하는데, 그 남학생은 압구정동에 산다고 했습니다. 내가 구로동에 산다고 하자 남학생이 대뜸 "거기 공장지대잖아요? 그런 데도 집이 있어요?" 하고 되물었습니다. 그는 구로동을 가리봉동 쪽방촌이나 구로공단 같은 공장지대, 한마디로 하층민의 군락지로 여기는 듯했습니다. 그날 미팅에서 사람들이 사는 동네로 경제적인 지위를 판단하는 걸 난생처음 알았습니다. 어쨌든 그것은 그들 생각이고, 나는 여전히 구로동에서 자라고 살았던 걸 좋아합니다. 이 그림책의 은이처럼 이웃들의 정겨운 풍경을 사랑하고 그곳의 이야기를 소중하게 기억합니다.

  좋은 동네, 비싼 동네, 나쁜 동네, 이런 말을 스스럼없이 사용하던 어제가 있긴 했습니다. 하지만 나의 어제는 『나의 독산동』에 그려진 밤 풍경처럼 환상적이고 정겨운 구로동의 추억과 함께 행복하고 멋진 기억으로 남았습니다. 이 그림책을 읽으면 누구나 추억 속에 자리한 동네가 떠오를 것 같습니다. 나에게는 '나의 구로동'이란 아름다운 동네가 있는 것처럼 누구나 '나의 00동'이 있겠지요.

  좋은 동네 나쁜 동네가 아닌, 그리운 동네만 기억하는 나는 어른들이 편협한 잣대로 아이들의 마음에 상처를 주면 안 된다고 생각합니다. 유은실 작가가 다섯 살에 이사해서 스무 살까지 살았던 독산동은 그냥 행정구역이 아닙니다. 사랑하는 가족과 이웃들의 삶이 녹아 있는 동네입니다. 코발트블루색 밤하늘에 샛노란 레몬 같은 불빛이 창가를 밝히는 아름다운 동네입니다. 독산동의 밤하늘에 별들이 모여, '친구, 반짝, 동생, 꿈, 사랑해, 엄마, 아빠' 같은 글자를 새기는 유은실 작가의 마지막 그림은 마치 윤동주 시인의「별 헤는 밤」시 구절 같습니다.

별 하나에 추억과
별 하나에 사랑과
별 하나에 쓸쓸함과…

『나의 독산동』에는 사랑하는 사람들의 아름다운 이야기가 있습니다. 사람 냄새가 훈훈하게 나는 참 좋은 그림책입니다.

"자세히 보면
모두 귀엽고 예뻐요."

『딩동』
릴리아 글·그림 | 북극곰

"귀여워, 완전 귀여워!"

커다랗고 동그란 눈에 작고 깜찍한 입, 새까맣고 동그란 눈을 가진 깜찍한 오징어가 눈 덮인 벌판을 헤엄칩니다.

"하나, 둘! 하나… 두울….'

그러다 눈 속으로 가라앉습니다. 바다가 아니라 눈 속에 침몰하는 오징어입니다. 이 그림책 작가 릴리아의 인터뷰를 보니 오징어 요리를 하려고 레시피를 찾다가 오징어 사진을 보고 한눈에 반했다고 합니다. 오징어가 자신에게 "나 정말 귀엽지?" 하고 말을 거는 것 같았다네요.

그렇게 탄생한 캐릭터가 '딩동'입니다. 오징어도 자세히 보면 귀엽고 예쁘다는 작가의 해맑은 발상으로 탄생한 그림책 『딩동』의 공간은 바닷속이 아니라 눈 쌓인 북극입니다.

파란색 니트 모자를 쓰고 눈 쌓인 벌판에서 위기에 빠진 딩동의 목숨을 구해 준 고마운 친구는 북극곰 '푸푸'입니다. 찻잔 안 따뜻한 물로 몸을 녹인 딩동은 눈앞에 엎드려 잠이 든 커다란 북극곰을 보고는 오돌오돌 떱니다. 눈 쌓인 벌판에서 냉동 오징어가 될 뻔한 자신을 해동시켜 살려 준 북극곰을 보고 딩동은 겁을 먹습니다. 엄청 착해 보이는 곰을 자세히 살펴보면 새카만 발톱이 날카롭고 식탁 위에는 레몬 조각과 나무젓가락이 놓여 있습니다. 어쩐지 딩동의 앞날이 해피 엔딩이 아닐 수도 있다는 불길한 느낌이 확 다가옵니다.

바다 동물인 작고 귀여운 오징어 딩동과 육지 동물 중에서 엄청나게 크고 사나운 북극곰이 눈보라 속에서 이루어진 극적인

만남을 소재로 한 『딩동』의 결말은 과연 어떻게 될까요?

 모든 생명체는 귀엽고 예쁘다고 믿는 막내딸. 이 아이는 젖니가 나고 말을 배우면서 "아이, 예쁘다!"와 "저거 키울래."를 입에 달고 지냈습니다. 늑대를 닮은 커다란 시베리안허스키를 보고 귀엽다고 달려가고, 징그러운 굼벵이를 손등에 얹고 고사리 같은 손가락으로 쓰다듬기도 했습니다.

 수족관에서 헤엄치는 아귀를 보고도 "저 물고기 우리 집에 데리고 가자."고 떼를 쓰던 아이는 살아 있는 생명체는 모두 우리 집에서 같이 살아야 한다고 생각하는 듯했습니다. 그 덕분에 여러 종류의 생명체를 키웠습니다. 그중에서 가장 짧은 시간을 보낸 친구는 꽃게입니다.

아름답고 감사하고 행복한_이미경

아이가 다섯 살 되던 어느 가을날, 남해에 사는 친구가 낚시로 잡은 생물 꽃게를 택배로 보냈습니다. 얼마나 싱싱한지 스티로폼 상자에서 꽃게들이 몸부림치는 소리가 "투둑 투다닥!" 하고 들렸습니다. 조심스레 뚜껑을 여는데 꽃게들이 움직이는 바람에 싱크대 밑으로 상자가 엎어지고 말았습니다.

신선한 공기를 맡고 흥분한 꽃게 열여섯 마리가 거실 바닥으로 재빠르게 기어 달아났습니다. 정말 빨랐습니다. 게들이 옆으로 걷는다는 건 거짓말이 아닌가 싶을 정도로 엄청 빠른 꽃게들의 대탈주극이 펼쳐졌습니다. 어른 손바닥 두 개 크기의 꽃게들이 소파 밑으로, 화장실로 달아났습니다.

당황한 나는 꽃게들을 잡아 다시 상자 속으로 넣으려고 했지만, 무시무시한 집게발을 세우고 위협하는 꽃게가 무서워 선 채로 얼음이 되었습니다. 그 와중에 아이는 깔깔깔 웃으며 꽃게를 추격하기 시작했습니다.

"채영아, 소파로 올라가 서 있어. 꽃게 만지지 마. 물린다고!"
내가 아무리 고래고래 소리를 쳐도 듣지 않았습니다.
나중에는 꽃게들이 목이 말랐는지 욕실로 기어들어가 욕조 주변에 바글바글 모여들었습니다. 그때 마침 퇴근한 남편이 이 참극을 보고, 고무장갑을 낀 채 꽃게를 잡아 펄펄 끓는 곰탕 냄비에 한 마리씩 빠뜨렸습니다. 한 마리, 두 마리… 열다섯 마리. 그런데 한 마리가 없었습니다. 채영이도 보이지 않았습니다. 혹시나 하는 마음에 아이 방문을 열었지요.
"안 돼, 이 꽃게는 안 돼. 내 친구야!"

침대 위에 이불을 두른 튼실한 꽃게 한 마리가 나를 향해 집게발을 세웠습니다.

그날부터 작고 얼룩이 많은 꽃게는 채영이의 친구가 되어 우리 가족으로 살게 되었습니다. 사슴벌레를 키우던 플라스틱 집에 톱밥을 깔고 꽃게 잠자리를 만들어 주었습니다. 인터넷으로 검색해 봐도 꽃게 키우는 방법을 찾을 수 없었습니다. 관상용 새우 키우기는 있는데, 꽃게를 키우는 사람은 없었지요. 임시방편으로 톱밥을 얻어다 키운 꽃게가 사흘 뒤에는 수분 부족인지 움직이지 않았습니다. 그래서 미니 수족관을 사고, 근처 횟집에서 바닷물을 구해서 넣어 주니 꽃게가 다시 기운을 차리고 기어 다녔습니다. 먹이를 뭘 줘야 하나 고민하다가 생새우를 사서 조금씩 넣어 주었습니다.

아이는 꽃게에게 거품을 부글부글 뿜는 게 귀엽다고 '거푸미'라는 이름도 붙여 주고 미니 수족관에 달라붙어 신나게 놀았습니다. 거푸미는 아이가 수족관 가까이 오면 집게발로 수족관 벽을 '딱따닥' 소리 나게 쳤습니다. 그러면 아이도 볼펜으로 수족관을 '톡톡톡' 두드렸습니다.

"딱따닥"

"톡톡톡"

모스 부호를 치면서 소통하는 것 같은 거푸미와 채영이의 즐거운 놀이는 딱 나흘 만에 끝났습니다. 채영이가 어린이집 친구들에게 집에서 꽃게를 키운다고 자랑하자 아이들은 꽃게는 끓여서 먹는 거지 키울 수 없다며 거짓말쟁이라고 놀렸답니다. 아이는 하원 후, 자기가 키우는 꽃게를 보여 준다며 거푸미를 꺼내서 보자기에 싼 뒤 놀이터로 가지고 갔습니다.

다섯 살짜리 꼬마들은 탄성을 지르며 채영이의 반려꽃게를 반겼고, 꽃게를 모래밭에 묻기도 하고, 배고플 거라며 풀도 뜯어다 주며 재미나게 놀았다고 합니다. 하지만 아이들은 만지고 안고 쓰다듬을 수 없는 꽃게의 집게발이 두려워서 이내 흥미를 잃고 말았지요.

"야, 우리 술래잡기하자!"

아이들을 따라 채영이도 따라가고 가여운 반려꽃게 거푸미는 놀이터 그네 앞에 혼자 남았습니다. 목이 쉬어라 소리를 지르며 술래잡기를 하다 거푸미 생각이 난 채영이가 놀이터 그네 앞으로 돌아왔을 때, 거푸미는 그 자리에 없었습니다. 나중에 들은 이야기로는 반장 할머니가 지나다가 누가 흘린 것 같다며 그 꽃게를 주워 가셨다는데⋯.

아이는 그날 밤 빈 수족관 앞에서 코를 빠뜨리며 울고 또 울었습니다. 미안하다고, 자기가 놀이터로 데리고 가서 잃어버린 거라고, 제발 살아서 돌아오라고 울었습니다. 꽃게 거푸미에 대한 기억 때문인지 초등학교 입학 전까지 아이는 꽃게탕도 안 먹고, 꽃게 들어간 과자 '꽃게랑'도 안 먹었습니다.

그림책 이야기로 다시 돌아오면 오징어 딩동은 저녁 식사 식재료가 될 거라는 두려움에 하얀 북극곰 푸푸의 집에서 탈출하려고 합니다. 막 빠져나오려는 순간 딩동은 문 옆 창가에서 무언가를 발견합니다. 푸푸가 작은 나뭇가지로 만들어 놓은 스키와 그 옆에 북극곰 친구가 써 놓은 메모를 봅니다.

'넌 너무 작고 귀여워. 이건 작은 선물이야. -푸푸'

눈보라를 헤치고 찾아온 작고 귀여운 오징어 딩동과 겨울나기를 시작한 북극곰 푸푸는 배려가 깊은 친구입니다. 딩동도 마찬가지입니다. 사실은 푸푸를 보고 괴물이라고 생각하고 놀랐으면서도 자신을 구해 준 푸푸가 상처받을까 봐, 자기가 놀란 건 괴물 꿈을 꾸었기 때문이라고 돌려 말합니다.

오징어가 북극의 눈보라 속을 헤엄쳐서 북극곰 푸푸와 가족이 되는 이 책의 아이디어가 오징어 요리 레시피에서 나왔다는 릴리안 작가의 상상력은 정말 대단합니다. 적과의 동침에서 친구와의 동거로 전환하는 이 그림책은 참 따뜻하고 유쾌합니다.

"아버지의 사랑스러운 반려견
'더미'가 기억나는 그림책"

『루리, 어떡해!』

토니 퍼실 글·그림 | 이순영 옮김 | 북극곰

장편 애니메이션 <라이언 킹>과 <인사이드 아웃>에 그림을 그린 토니 퍼실이 익살스러운 일러스트로 그림책 『루리, 어떡해!』를 냈습니다.

이 그림책에 나오는 반려견 '루리'에게 닥친 불운은 오래전 우리 집 반려견 '더미'의 처지와 많이 닮았습니다.

그림책이면서도 잘 만들어진 단편 애니메이션 한 편을 보는 것 같은 『루리, 어떡해!』는 짜릿한 반전 결말을 가진 코믹 그림책입니다.

우아한 견생의 일상을 보내던 루리는 젊은 신혼부부의 사랑을 흠뻑 받으며 자랍니다. 자신이 사랑받기 위해 태어난 반려견이라는 사실에 일말의 의혹도 없는 루리가 가장 곤혹스러워하는 인간은 네 발로 기어 다니는 아가들입니다.

방글방글 웃으며 침을 질질 흘리고 기는 아가들은 엉덩이에 똥과 오줌을 달고 다니다가 시도 때도 없이 악을 쓰며 웁니다. 배고파도 울고 배불러도 울고, 오줌 싸고 울고 똥 싸고 웁니다. 그리고 뭐든 핥고 빨아 먹으려 합니다. 끈적끈적한 침을 루리의 털에 바르고, 빨고, 털을 잡아 뜯기까지 합니다.

루리는 이런 아가들이 동반하는 파티를 끔찍하게 싫어하는데 엄마가 아기를 가진 것 같습니다. 어느 날 엄마 배가 조금씩 불러 오고, 루리가 곁에 가면 코를 감싸고 토악질을 하며 불편해합니다.

아기를 맞이하기 위해 유모차도 2인용으로 사고, 침대도 두 개, 옷도 두 벌씩 사는 엄마, 아빠를 보면서 루리는 버려지기 전에 먼저 떠나야겠다고 결심합니다.

　책 표지를 보면 엄마, 아빠랑 찍은 사진과 사료 밥통, 개껌 등을 보자기에 싸서 가출을 준비하는 슬픈 루리의 표정이 짠합니다. 모든 준비는 마쳤고 아기를 출산하기 위해 엄마, 아빠가 집을 비운 어느 날 밤 루리는 어둠 속에서 탈출을 시도합니다.

　"아이고, 임신 중에 강아지를 키우면 아기한데 안 좋대요. 어멈이 아침저녁으로 벅벅 긁고 눈도 토끼눈처럼 벌건 게 저놈의 강아지 때문이라잖아요. 당신 언능 저 개새끼 냅다 버리라는데 와 꾸물거리요!"

　엄마는 아침 댓바람부터 아버지의 반려견인 더미의 사료 그릇을 발로 차며 성질을 부렸습니다. 임신 8개월의 나는 강아지 털 알레르기로 친정집에 오면서 기침을 했습니다. 친정에서 산후조리까지 해야 하는데 말입니다.

　아버지는 강아지 더미와 곧 태어날 첫 손녀딸 중 하나만 선택해야 하는 난감한 상황에 처했습니다. 당시 학원 강사를 하던 나는 아이를 낳으면 엄마의 도움을 받아야 했습니다. 게다가 알레르기성 비염까지 있어서 강아지 근처에만 가도 피부가 뒤집혔습니다.

　이런 날이면 더미는 소파에 앉아 텔레비전을 보는 아버지 곁으로 달려가 몸을 부비고 뭐라 낑낑거리며 하소연했습니다. 자기를 버리지 말아 달라고 애원하는 눈빛으로 아버지의 바짓가랑이를 물고 늘어졌지요.

　1995년 1월 남동생이 갓 태어난 강아지를 안고 온 날은 엄청

추웠습니다. 갈색 털이 드문드문 난 작고 귀여운 강아지를 아버지는 털이 날린다고 베란다에 두고 재우라 하셨습니다. 생후 사흘을 갓 넘기고 우리 집으로 온 강아지는 밤새 앓는 소리를 내며 날이 밝을 때까지 울었답니다.

마흔아홉 살에 중풍으로 자기 한 몸 추스르는 일도 버거워진 아버지는 자신의 운명이 너무 비루하다고 날마다 우셨습니다. 그런 아버지에게 강아지를 키우라고 대책 없이 어린 생명을 데려온 아들의 행동에 화가 나신 듯했습니다.

그런데 밤에 차라리 얼어 죽기라도 하라고 내쳐 둔 어린 강아지는 다행히도 잘 자고 아침을 맞아 꼬리를 흔들며 아버지의 발등을 핥았습니다. 그날부터 강아지는 아버지에게 살아가야 할 이유가 되었습니다. 베란다의 수도가 얼어 터지는 날씨에도 강아지는 무탈하게 잘 자랐습니다.

재미있는 일 하나 없는 아버지의 인생에 살포시 얹어 온 '득템'이라고 여겼는지 아버지는 강아지에게 '더미'라는 이름을 붙여 주었습니다. "니 아님, 내가 웃을 일 읍따!"하시며 더미의 사료를 챙겨 주는 아버지는 빙그레 웃고 계셨습니다.

마흔아홉을 못 넘길 거라며, 안 죽으면 자기 손에 장을 지진다는 무당 말과 달리 아버지는 살아나셨습니다. 아버지는 마비된 한쪽 다리를 끌고 지팡이에 의지해 날마다 걷기 연습을 했습니다. 그럴 때마다 더미가 아빠를 따라다녔지요. 더미는 아버지의 무거운 발자국을 기다리며 서너 걸음 앞에 서서 꼬리를 흔들며 앞장섰고, 자전거가 지나가거나 앞도 안 보고 내달리는 아이들이 오면 사납게 짖으며 경계를 섰습니다. 반병신으로 살아갈 아버지의 나머지 생애에 재롱둥이 더미는 활력이고 희망이 되었습니다.

하지만 출산일은 다가오고, 갓 태어날 손녀딸과 아끼는 반려견 더미 사이에서 아버지는 선택해야 했습니다.

결국 아버지는 더미를 시골에 사는 친구에게 보내기로 결정했습니다. 강아지를 보내기로 한 전날 밤 아버지는 더미가 좋아하는 황태를 사다가 찹쌀을 넣고 푹 고아서 배가 볼록하도록 먹였습니다. 아무것도 모르고 코까지 골며 잠이 든 더미 옆에서 동이 틀 때까지 훌쩍이던 아버지의 슬픈 시간을 나는 기억합니다. 더미는 떠났고, 아이는 건강하게 태어났습니다.

아버지는 네 발로 기다가 아버지 발등에 오줌을 싸는 손녀딸의 실수에도 "허허" 웃으시고, 한 손으로 기저귀를 갈며 행복해했습니다. 그러다가도 베란다에 그대로 남은, 손수 만들어 준 더미의 집을 보면 오래도록 말을 잊으셨습니다.

사랑하는 반려견과 함께 살다 부득이하게 이별한 아버지의 마음에는 더미가 여전히 삽니다. 1995년 시골로 보낸 더미는 2005년 가을에 세상을 떠났습니다. 아버지는 더미를 고향 선산에 묻고 손수 만든 나무패를 작은 봉분 위에 세웠습니다. 그 나무패에는 이렇게 쓰여 있습니다.

"기다려. 아빠 곧 갈게, 더미야."

그림책 『루리, 어떡해!』의 주인공 강아지 루리는 시종일관 독자에게 말을 겁니다. 귀여운 강아지 루리가 머리를 갸우뚱하고 골똘히 생각하다가 결정한 듯이 쿨하게 보따리를 싸면서 독자에게 묻습니다.

"이제 루리, 어떡해요? 엄마, 아빠는 이제 루리를 사랑하지 않을 거예요. 사람 아기가 둘이나 태어날 것 같다고요! 네 발로 기는 고약한 아가들이 내 털을 뽑고 물고, 똥 냄새를 풍기고 나를 따라올 텐데."

이렇게 묻는 루리의 선택은 떠나는 겁니다. 사랑하는 엄마, 아빠와 함께 찍은 사진을 보자기에 싸며 고개를 숙인 루리의 슬픔이 토니 퍼실의 만화 스타일 그림에 오롯이 전해지는데, 자꾸 웃음이 납니다. 정말 귀엽고 사랑스러운 루리의 표정 때문입니다.

루리가 보자기의 한끝을 입으로 물고 조심조심 안간힘을 쓰며 정원까지 나갔는데, 가정부 할머니의 두툼한 두 손이 루리를 가볍게 안아 집으로 데려갑니다. 탈출은 실패입니다. 이제 루리는 고약한 아기들이 들이닥칠 집으로 돌아왔습니다. 과연 루리의 내일은 침을 질질 흘리고 똥 냄새를 풍기는 귀찮은 아기와의 좌충우돌 동거로 이어질까요?

1995년에 떠난 보낸 더미를 2021년 가을에 그림책 『루리, 어떡해!』를 보고 아주 오랜만에 떠올려보았습니다. 한 권의 그림책이 소환한 아버지의 슬픈 선택에 목이 메어 옵니다. 태어날 손녀딸을 위해 사랑하는 강아지를 떠난 보낸 아버지의 선택이 얼마나 고통스러운 결정이었는지 이제야 알 것 같습니다.

이번 주말에 아버지를 만나면 정말 미안하고 고마웠다고 말씀 드리려고요. 오늘 밤에는 아버지에게 전화해야겠습니다. 6년 전

두 번째 뇌경색으로 청력이 약해진 아버지에게 아주 큰 목소리로 말하려고요.

"아! 버! 지! 사랑해! 하늘 땅, 별, 땅만큼 사랑한다고!"

작가의 말

　엄마들의 그림책 모임 '안데르센의 방'을 8년째 하고 있습니다. 매주 한 권의 그림책을 통해 엄마들의 육아 고민과 나 자신을 알아차리는 소중한 시간이지요. 하지만 오랫동안 모임을 하면서 그 책이 그 책 같고 조금 지루해질 때가 있었습니다. 그림책 권태기가 왔나 싶을 정도로 그림책에 심드렁해질 때였어요.

　그즈음 이루리 님과 함께 그림책 에세이를 쓰게 되었습니다. 날마다 그림책을 보면서 왠지 모를 갈증을 느꼈는데, 그림책 에세이를 쓰고부터는 후련해졌습니다. 자연스럽게 그림책 권태기를 극복했고, 권태기를 지혜롭게 넘긴 연인들이 서로를 더 사랑하듯이 그림책을 더 사랑하게 되었습니다. 게다가 그림책 에세이를 쓰는 일이 무척 좋아졌답니다. 그림책을 좋아하는 사람들이라면 누구나 한 번쯤은 에세이를 써 봤으면 좋겠습니다. 일단 쓰기 시작하면 누구나 인생 그림책을 만나게 될 테니까요.

　그림책을 흠뻑 사랑하게 된 저는 요즘에도 주변 사람들에게 그림책을 추천하는 일에 기쁨을 느끼며 삽니다. 내 삶에 그림책이 없었다면 얼마나 삭막했을까 생각하니 아찔해집니다.

　그림책을 좋아하는 사람들이 이 책을 읽고 '이 그림책 나도 알아. 이 그림책 보면서 나도 이런 생각했는데….' 혹은 '나와는 완전히 다른 시각이네.'라고 생각하면서 재미있게 읽어 주셨으면 합니다. 제가 그림책 속에서 많은 위로를 받았듯이 이 책이 힘들고 아픈 시간을 보내는 이들에게 다정한 위로가 되었으면 좋겠습니다.

박애란 ♥

"그래서 지금 행복하시나요?"

이 질문이 계속 머릿속에 맴돌아 에세이를 쓰게 되었습니다. 아마 행복해지고 싶었나 봅니다. 처음에는 호기심이었는데, 글을 쓰면서 내 안에 무언가가 꿈틀거리고 있는 걸 느꼈습니다.

글을 쓰다 보면 아무에게도 들키지 싶지 않은, 내 안에 꽁꽁 숨겨둔 상처들이 불쑥불쑥 튀어나왔습니다. 내 불행을 들키는 것 같아 허겁지겁 키보드의 '뒤로 가기(Backspace)'와 '삭제하기(Delete)'를 눌러 버렸습니다. 이렇게 지워 버린 글들이 아까워 어느 순간부터 '잘라내기(Ctrl+X)'를 누른 후 다른 곳에 '붙이기(Ctrl+V)'해 모아 놓았습니다.

그런 문장이 자꾸 쌓였습니다. 강제로 잘라내기 당한 문장들이 자꾸 신경 쓰였습니다. 살짝 원래 있던 자리에 티 나지 않게 재활용해도 될 것 같았지요. 하나씩 그런 문장을 되돌려 놓다 보니 한 편씩 완성되었습니다. 그냥 하고 싶은 말들을 횡설수설 담았다고 생각했는데, 제 글은 위 질문에 대한 긴 답안이었습니다.

"행복했습니다. 행복합니다. 행복할 겁니다."

마지막으로 저의 행복에 함께했던, 함께하는, 함께할 모든 분을 사랑합니다.

김효진 💛

첫째 아들에 이어 둘째 딸까지 낳고 보니 어느새 '경단녀(경력 단절 여성)'가 되어 있었습니다. 두 아이의 엄마 역시 아름답고 의미 있는 삶이지만, 어릴 때 꿈을 위해 나름 치열하고 악착같이 살았던 세월이 무색하게 느껴진 것도 사실입니다. 거의 연년생이나 다름없는 두 아이의 육아를 위해 직장을 그만둔 후 감정이 미묘하게 꿀렁거렸어요. 마치 저의 존재 가치가 바닥으로 떨어진 느낌이었지요.

그때 아이들을 위해서 읽어 주기 시작한 그림책이 제 삶에도 많은 변화를 주었습니다. 그림책을 읽지 않았다면 어땠을지 지금은 상상조차 되지 않습니다. 아이들과 읽은 그림책 덕분에, 진정으로 꿈꾸는 삶이 무엇인지 조금씩 조금씩 제 안의 목소리를 들을 수 있었습니다. 어떻게 하면 나의 존재 가치를 지키며 가족, 그리고 주변 사람들과 어울려 살지도 배웠답니다.

이 책을 읽는 독자들도 나에게 말을 걸어 주는 그림책, 인생의 그림책을 꼭 만나길 바랍니다. 만났다면 그림책을 꼭 안고 사랑해 주세요. 그리고 내 안에 꿈틀거리는 목소리를 절대 흘려보내지 마시고, 용기 내어 주변과 마음을 나누어 보시길 바랍니다. 그림책을 통해 느꼈던 저의 사랑과 삶의 이야기가 여러분의 그림책 여정에 도움이 되었으면 좋겠습니다.

김나윤 ♥

아이와 함께한 모든 시간이 눈부셨어요. 마흔두 살에 얻은 예쁜 딸이 배냇짓을 하며 방긋거리던 날도, 첫 그림책을 우걱우걱 씹으며 배시시 웃던 날도, 그림책 『똑똑해지는 약』을 날마다 열 번 넘게 읽어 달라고 떼를 쓰던 날도, 모든 날이 좋았습니다.

시간이 흘러 그림책 『두드려 보아요』의 페이지를 넘기며 똑똑똑 노크를 하던 아이가 14년이 지나 고등학생이 되었습니다. 비 오고 바람 불고 함박눈이 펑펑 내리고 갈잎 지고 새잎 돋는 동안 아이는 적지 않은 부침을 겪으며 무럭무럭 자랐습니다.

아이의 아린 성장통을 달래 준 건 아마도 엄마와 함께 읽은 그림책의 힘이 아닐까 합니다. 아이는 그림책을 읽으며 세상을 만나고, 저 역시 그림책을 읽으며 아이의 내면 세계와 접속할 수 있었어요.

아이를 이해하기 위해 그림책을 읽어 주다가 그림책 '덕후'가 되고, 대학원에서 그림책 육아로 박사 과정까지 시작했습니다. 정말로 이상하고 아름다운 그림책 나라에 반해서 그림책 에세이를 쓰는 '이루리북스 그림책 서평 워크숍'에서 소중한 분들도 만났습니다.

그 공간에서는 우리는 모두 '작가'라고 부릅니다. 원고 한 꼭지도 못 채웠는데 '이미경 작가님'이라고 불러 주신 그분들 덕분에 자부심을 잃지 않았습니다. 서툴지만 마음을 담은 글을 쓰도록 늘 응원해 준 효진, 나윤, 애란 작가님들, 고마워요.

이미경 ♥

본문 그림 출처

제1장
23쪽: 『여행 가는 날』 28-29쪽 그림, 스콜라
59쪽: 『조금만』 5쪽 그림, 한림출판사

제2장
88-89쪽: 『공원을 헤엄치는 물고기』 1-2쪽 그림, 북극곰
97쪽: 『나비 아이』 앞쪽 면지 그림, 북극곰
102쪽: 『오싹오싹 팬티!』 35쪽 그림, 토토북
116쪽: 『금요일엔 언제나』 5쪽 그림, 북극곰
118쪽: 『금요일엔 언제나』 6쪽 그림, 북극곰

제3장
142-143쪽: 『민들레는 민들레』 앞쪽 면지 그림, 이야기꽃
158-159쪽: 『바다와 하늘이 만나다』 15-16쪽 그림, 북극곰
169쪽: 『돌 씹어 먹는 아이』 21-22쪽 그림, 문학동네
178-179쪽: 『일개미 노리의 바다』 9쪽 그림, 아스트로이드북

제4장
194-195쪽: 『울타리 너머』 11쪽 그림, 북극곰
214-215쪽: 『마음이 아플까 봐』 8-9쪽 그림, 아름다운사람들
220-221쪽: 『어느 조용한 일요일』 37-38쪽 그림, 글로연
240-241쪽: 『나의 독산동』 38-39쪽 그림, 문학과지성사
247쪽: 『딩동』 8-9쪽 그림, 북극곰